大地之子

中国地质学家的科学精神

馆 编

安徽美术出版社
全国百佳图书出版单位

图书在版编目（CIP）数据

大地之子：中国地质学家的科学精神 / 安徽省地质博物馆编 . —— 合肥：安徽美术出版社, 2025.4.
ISBN 978-7-5745-0811-8

Ⅰ . K826.14

中国国家版本馆 CIP 数据核字第 2024QQ6878 号

大地之子——中国地质学家的科学精神
DADI ZHIZI——ZHONGGUO DIZHIXUEJIA DE KEXUE JINGSHEN

出 版 人：王训海	策划统筹：张庆鸣　丁　馨
责任编辑：张庆鸣　刘　实	责任校对：陈祺祺
装帧设计：王　艳	责任印制：欧阳卫东

出版发行：安徽美术出版社
地　　址：合肥市政务文化新区翡翠路 1118 号出版传媒广场 14 层
编 辑 部：0551-63533625　　　　营 销 部：0551-63533604
印　　制：合肥华星印务有限责任公司
开　　本：787mm×1092mm　1/16　　印　　张：11.5
版　　次：2025 年 5 月第 1 版
印　　次：2025 年 5 月第 1 次印刷
书　　号：ISBN 978-7-5745-0811-8
定　　价：98.00 元

如发现印装质量问题影响阅读，请与我社营销部联系调换。

编委会

主　　任：夏茂林
副 主 任：宛传俊　任启坤　黄建东　胡　亮

主　　编：朱文杰
副 主 编：张　蓉　宇世明

编 著 者：牛静笛　朱文杰　张　蓉　宇世明

学术指导：何学智　吴维平

序

　　科学研究离不开精神支撑，地质学事业的发展也是如此。中国的地质学在中国科技发展历史上发挥了重要作用，中国的地质工作者为新中国的建设作出了巨大贡献。在长期的科学实践中，一代又一代的地质工作者，尤其是中国现代地质科学的先驱们，向我们展现了独特的科学精神和科学家精神。在努力建设中国式现代化的当下，我们回顾中国地质科学形成和发展的历程，重温老一代地质学家身上独特的科学精神和科学家精神，尤为重要。

　　《大地之子》介绍了十八位中国现代地质学的先驱，既有中国地质事业的奠基人章鸿钊、丁文江和李四光等地学大家，也有地质学各个学科分支的开拓者，像中国古脊椎动物学的奠基人杨钟健、中国煤炭地质学的奠基人谢家荣、中国地层古生物学奠基人尹赞勋、中国地震事业的奠基人李善邦、中国大地构造学奠基人黄汲清、中国沉积学奠基人叶连俊、中国地球化学的奠基人涂光炽和中国黄土研究之父刘东生等宗师级学者。《大地之子》介绍了每一位学者的生平简历和代表语录，尤其是通过介绍每一位学者的人生经历和代表性贡献，彰显了他们身上以国家民族命运为己任的爱国主义精神、以爱国主义为底色的科学家精神以及以实证精神和理性精神为支柱的科学精神。《大地之子》以科学家的学术成长经历为主线，将科学家的学术成长，科学理论的提出，研究方向的变化与学科发展史、社会史结合，将个人经历纳入社会历史之中予以体现，在描述个人的小历史中展现中国地质学事业的发展，使人了解中国民族崛起和国家振兴的大历史。

《大地之子》以纪实风格讲述先驱们的实践经历，转述地质学家的专业知识和科学体悟，言传其精髓奥义，语言通俗易懂，插图皆为珍贵的原始记录，使人能够切身感受历史。

在实现中华民族伟大复兴的新时代，促进自然科学与社会科学结合、科学精神与人文精神融通，这是科学体系健康发展的必然。《大地之子》的出版正当其时，对筑牢理想信念根基，激励广大青少年接力精神火炬具有重要意义。中国的地质事业必将重铸辉煌，更好地服务于中国式现代化建设的伟大事业。

（徐星　中国科学院院士）

前言

一百多年前，西方列强在中国土地上肆意妄为，人民蒙难、国家蒙尘，为了拯救中华民族，无数仁人志士奋起反抗，探寻救国救民的方法，并选择了不同的道路。革命家、政治家立志改造中国，文学家寄希望于文字唤醒人们的救国意志，而更多的知识分子和科技工作者则选择走教育救国、科技救国的道路。在爱国救亡运动中，中国地质事业的初创与奠基也于此开始。新中国成立后，一代代地质人艰苦奋斗，为破解"地质工作搞不好，一马挡路，万马不能前行"的工业发展制约，做出了突出贡献，用实际行动践行着地质报国的理念。在中华民族伟大复兴的征程上，他们不畏艰难、无私奉献，筚路蓝缕、奠基立业，书写了一曲曲从地质救国、报国到科技兴国、强国的壮美之歌，在祖国的大地上树立起一座座时代丰碑，也铸就了独特的精神气质。

伴随着创新型国家建设深入推进，精神文明建设越发重要。2019年中共中央办公厅、国务院办公厅印发了《关于进一步弘扬科学家精神加强作风和学风建设的意见》指出，要系统采集、妥善保存科学家学术成长资料，深入挖掘所蕴含的学术思想、人生积累和精神财富。2020年，习近平总书记在科学家座谈会上指出"科学成就离不开精神支撑。科学家精神是科技工作者在长期科学实践中积累的宝贵精神财富"。2021年，党中央批准的第一批46个中国共产党人精神谱系发布，"科学家精神"位列其中。2022年党的二十大报告指出要培育创新文化，弘扬科学家精神，涵养优良学风，营造创新氛围。在此背景下，安徽省地质博物馆编辑出版科普书籍《大地之子》，弘扬科学精神与科学家精神，为新时代奋勇前进的拼搏者提供精神滋养，润泽新征程上埋头苦干的追梦人的心田，激励人们以更加饱满的精神状态、更加坚定的理想信念、更加昂扬的奋斗姿态，投身祖国科学事业，共同实现中华民族伟大复兴！

目录

1	中国地质事业开创者 ——**章鸿钊**	…………
13	中国地质调查事业奠基人 ——**丁文江**	…………
25	中国地质理论研究开拓者 ——**翁文灏**	…………
35	新中国地质事业的主要奠基人 ——**李四光**	…………
49	中国古脊椎动物学开创者 ——**杨钟健**	…………
59	中国煤地质学先驱 ——**谢家荣**	…………
67	中国矿物学和岩石学奠基人 ——**何作霖**	…………
75	中国古植物学奠基人 ——**斯行健**	…………
83	中国地层古生物事业奠基人 ——**尹赞勋**	…………

93	中国地震事业的奠基人 ——**李善邦**	…………
103	中国大地构造学奠基人 ——**黄汲清**	…………
111	板块构造学说应用的先驱 ——**李春昱**	…………
119	华南花岗岩研究的开拓者 ——**徐克勤**	…………
127	中国变质岩石学和变质地质学的主要奠基人 ——**程裕淇**	…………
135	中国沉积学的开拓者和奠基人 ——**叶连俊**	…………
143	中国地史学事业的奠基人 ——**王鸿祯**	…………
153	中国"黄土之父" ——**刘东生**	…………
163	中国地球化学事业的奠基人 ——**涂光炽**	…………

大地
之子

中国溶洞学家
的科学精神

中国地质事业开创者——章鸿钊

简介：

章鸿钊（1877—1951），浙江湖州人，地质学家、地质教育家、地质科学史专家，中国地质事业的主要创始人与奠基人之一。1905 年官派赴日本留学，1911 年毕业于东京帝国大学理学部地质系，先后在京师大学堂农科、北京高等师范学校任教。1912 年任实业部矿政司地质科科长，1922 年筹建中国地质学会，并任首届会长，1950 年任中国地质工作计划指导委员会顾问。1951 年因肝癌逝世，享年 74 岁。

他早期从地质科学的角度研究了古籍中有关古生物、岩石矿物和矿产等方面的知识，著有《三灵解》《石雅》《古矿录》等，开我国利用古文献考证地质学研究之先河，且多次进行地质科学史方面的研究。其后期对构造地质学也进行了深入钻研。

箴言：

愚以为处世之道，是非不可太明；为学之道，是非又不可不明。盖为学必以求真为归，分别是非，即求真之初步也。是非不明，学亦何益？

章鸿钊（1877—1951）

1908年，于日本留学期间留影

自然环境是人类生存的基础。随着工业化的发展，人类的生活更是离不开自然资源。地质学正是以它的应用价值，受到了社会的重视。在西方，地质学成为一门独立的学科经过了漫长的人才准备期，但是在中国，地质学人才的培养和研究机构的建立几乎没有时间差。

回顾中国地质学，不得不提章鸿钊先生，他创立中国地质学会，培育了我国第一批地质学家，是中国地质学奠基人之一。他的一生在岩石学、矿物学、古生物学、地质学史、矿物学史、地质调查史和地质科普等领域内均发表大量学术文章，撰写的《三灵解》《石雅》《古矿录》等著作，更是开我国地质科学史研究之先河。1950年李四光在给他的信中写道："中国地质事业由先生开创，久为国人所共仰。"

地质学传入中国并为中国学者所理解和接受主要通过两个途径：一是外国学者在中国的地质考察对中国学者的影响；二是归国留学生直接将地质学理论带回中国。章鸿钊属于后者，他留学期间以"宜专攻实学以备他日之用"为宗旨，学习地质。他说："予尔时第知外人之调查中国地质者大有人在，顾未闻国人有注意及此者。夫以国人之众，竟无一人焉得详神州一块土之地质，一任外人之深入吾腹地而不知之也，已可耻矣。且以我国幅员之大，凡矿也、工也、农也、地文地理也，无一不与地质相需。地质不明，则弃利于地亦必多，农不知土壤所宜，工不知材料所出，商亦不知货其所有、易其所无，如是而欲国之不贫且弱也，其可得乎？地质学者有体有用，仅就其用言之，所系之巨已如此，他何论焉。予之初志于斯也，不虑其后，不顾其先，第执意以赴之，以为他日必有继予而起者，则不患无同志焉，不患无披荆棘、辟草莱者焉。惟愿身任前驱与提倡之责而已。"1911年，从东京帝国大学理学部地质系毕业的章鸿钊即刻回国，他是中国留学生中选择学习地质学并获理学学士学位的第一人。同年，他应京师大学堂罗振玉之邀请，出任该校地质学讲师，这也是中国人在高等学府里自己讲授地质学课程的开端。

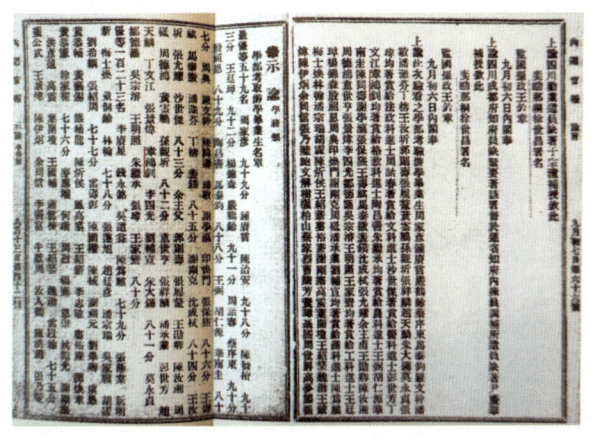

1911年，章鸿钊从日本留学回国，同年9月按照清政府学部的规定，参加京师学部举行的留学生考试。这次考试，最优等59名，优等123名，中等311名。章鸿钊的成绩为"最优等"，被授予"格致科进士"。同榜中还有从日本留学归来的李四光、从英国归来的丁文江。图为清政府告示

1987年，黄汲清为章鸿钊的遗著《六六自述》出版题词

京师大学堂是中国教育近代化的标志之一，也是中国最早的地质学高等学府。它由戊戌变法中的维新志士倡导兴办，其主要目的为培养西学人才。1909年，京师大学堂的地质学门开办，当时仅有3名学生：王烈、邬有能、裘杰。王烈学习一年后赴德留学。由于学生人数较少，地质学门于1913年停办，邬有能与裘杰也没有从事地质工作。京师大学堂地质学门尚未能真正发挥其应有的作用。

辛亥革命胜利后，中华民国南京临时政府实业部矿务司下设地质科，章鸿钊出任科长。他痛恨帝国主义国家时常深入中国腹地调查地质，提倡中国地质勘查工作必须由自己人去做。他草拟了《地质调查咨文》向全国各省征调地质专门人员、地质参考品、各省舆图、矿山区域图说，欲勘查资源以摸清家底。同时，他还发表了《中华地质调查私议》，强调地质工作之重要："谋国者首宜尽地利以裕民财。欲尽地利，则舍调查地质盖末由已。"以唤起全国人民关注，并在文末附筹设地质研究所简章，意在培养青年。

《地质调查咨文》《中华地质调查私议》均是研究中国地质学发展史的珍贵文

献,在地质事业开创初期产生了重要推动作用。杨钟健先生在《中国地质事业之萌芽》一文中,将《中华地质调查私议》称为"一个伟大的计划",并写道:"章先生在清末民初,以一己之力,对中国地质事业之如何组织,如何推进,计划周详。其中无一语非内行,无一句为空话。可知章先生一方面感国家需要地质之切,一方面对世界地质事业了解之深。而章先生本人,有精学地质最基本的科学如岩石矿物学,所以才能句句言之有物,平易易行,不重蹈以前只译了几本书,而未能建立中国地质事业的覆辙。"

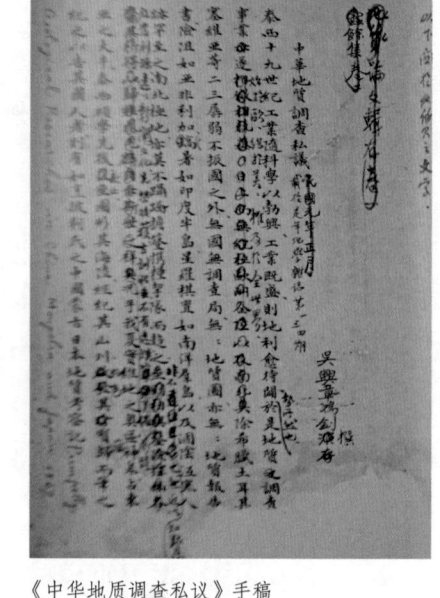

《中华地质调查私议》手稿

1913年,在章鸿钊、丁文江等人的推动下,地质调查所和地质研究所成立。章鸿钊把地质人才作为中国地质事业发展的重要基础,并认为地质人才应该在本国培养。培养人才的任务原本应由高等院校担任,但是中国第一个地质调查与研究机构成立时,中国高等学校中还缺乏相应的地质教育。为了解决人才问题,中国学者选择了调查、研究与教育同时进行的模式。

1913年10月,地质研究所开学,章鸿钊、丁文江、翁文灏成为该所核心,全力以赴投身地质教育,他们精心安排了三年的学制将近30门课程,聘请中外专家兼职任教,同时非常注重野外地质工作能力的培养,三年共安排野外实习11次。1914年,工商部和农林部合并为农商部,张謇任部长,他认为地质研究所的办学性质属于教育部,应立即解散。章鸿钊据理力争,在行政单位设立教育机构只是临时育才,"设立研究所者,非为研究而研究也,今日之研究,正为他日之调查也;今日之学生因经部试而选取者,一朝解散,令之失学不可也"。因此,地质研究所的教学得以继续进行。地质研究所也仅招收一届学员,学生毕业即止,并实行淘汰制,最初招生的30名学生,取得毕业证书的有18人,他们成为我国第一批地质学家。其中谢家荣、叶良辅、王竹泉、谭锡畴等十余人毕业后进入地质调查所工作,成为我国早期从事地质工作的主力,极大地推动了我国地质调查工作的发展。

教学期间,章鸿钊以身作则,多次带学生到北京、河北、江南等地区进行实习,所经之地均留下了他们的"斧痕屐印",他亲赴现场,精心指导。学生们每次野外考察归来的实习报告,章鸿钊都要一一批阅,采集到的地质标本精选后作为教学标本,学生们也都奋发努力,我国最早的几本区域地质专著,如《地质研究所师弟修业记》《北京西山地质志》就是他们编写的。这批学生毕业之日,即我国地质事业发轫之日,中国的地质学"从此有了一个比较稳固的基础了"。

1922年,在章鸿钊积极倡导下,中国地质学会成立。地质学会的创立在中国地质史上具有划时代意义,表明中国第一批现代意义的地质学家群体——地质科学共同体的形成。地质学会通过举办学术年会、参加国际会议、设立成果奖励等方式,很快成为中外地质学家学术交流与研讨的平台。地质学界的联系得以加强,地质学术成果交流更为频繁。至此,20世纪前半叶中国地质事业基础格局基本确定,即以地质调查所为中心的地质调查与研究、以北京大学地质系为中心的地质教育、以中国地质学会为中心的国内国际学术交流。它们互相补充,从不同角度共同影响着中国地质学界,对地质科学在我国的发展起到了重要的推动和促进作用。

1928年,年逾五旬的章鸿钊体弱多病,不能再从事野外地质调查,因而辞去公职,但他仍致力于科研与著述,做了许多开拓性的研究工作。

章鸿钊对地质学理论的研究成果主要在地层学和大地构造学领域。他用数学和物理学的基础知识来丰富地质学内容,于20世纪20年代相继发表《地质学与相对说》《从相对论观点论地质学上的周期性》。他把造山运动视为划分地史时期的主要根据之一,后又发表《从原子能推导地史晚期地理与地质同时变迁之源》《造山运动于地史上象征同时之规范并其施于对比之效率》,阐述时间、

地质研究所的讲堂

空间联系的重要性，对地质科学的基础工作具有重要的指导意义。在大地构造理论方面，章鸿钊着重探讨中生代以来的构造演化和地壳运动问题，先后发表《中国中生代初期地壳运动与震旦运动之异点》《太平洋区域之地壳运动与其特殊构造之成因解》等文章。

章鸿钊同时也是中国地质史料和地质科学史研究先驱。他运用现代地质科学知识对于中国古籍中的地质史料和地质矿物做了大量考证，耗时多年编纂的论著《石雅》就是重要的代表作。该书对中国古籍中的矿物名词进行研究整理，考订了中国古籍中矿物名称的沿革及其相应的现代矿物学名称，同时参考西方学者的相关论述，是研究中国古代矿物知识历史的一部重要著作，1921年初刊于《地质专报》。梁启超在编写《中国历史研究法》时，曾将《石雅》列入参考书目并评论"记国内外地质学者研究所得结果，极可观"。国际科技史学权威、英国剑桥大学教授李约瑟在其巨著《中国科学技术史》中，把《石雅》作为主要参考文献，在第25章《矿物学史》中多处引用。

除了《石雅》，章鸿钊还做了许多地质科学史研究。

1916年，翁文灏（左）章鸿钊（右）及地质研究所学生野外实习合影

章鸿钊对学生实习报告的批阅评语

中国地质学会有关工作计划手稿

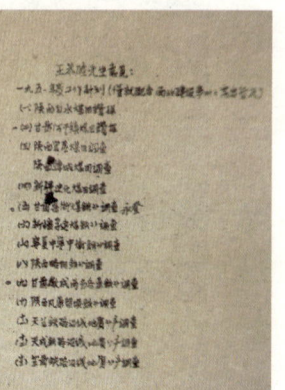

中国地质学会正门北平后海北沿

章鸿钊参加中国地质学会第22届年会，并讲解其论文《太平洋区域之地壳运动与其特殊构造之成因解》

章鸿钊参考前人资料辑录而成《中国温泉辑要》。记载了中国500余处温泉，后补充增至972处，是近代中国第一部系统记录各地温泉状况的专门性志书。手稿完成于1926年。1941年章鸿钊因骨折卧床，对该手稿进行"补其遗漏"。他治学严谨，书中几乎每页都有增删修改的痕迹。该手稿于1956年作为遗著由地质出版社出版

《中国研究地质学之历史》比较系统地阐述了中国古代地质思想的发展及近现代地质事业在中国的开创过程。《中国地质学发展小史》概括总结了中国地质事业奠基阶段的主要成就，是记述当时中国地质发展的唯一文献。

抗日战争时期，章鸿钊对日本帝国主义入侵中国的行径非常愤怒。年届花甲的他行动不便，困居北平。当时有几位他早年的学生、地质界同仁还滞留北平，他耐心劝说："你们还年轻，情况和我不同，日本人正想利用你们，你们应即速离开北平。"学生们听从他的忠告，纷纷奔赴大后方。他那时患病在身，生活困苦不堪，侵略者多次诱他出山服务，均遭其断然拒绝。在经济条件极端困难时，他宁愿将整套地质书籍出售度日，也坚决不向侵略者低头。

就是在这种"独傍落日危城"的艰难处境下，他仍然"展简披图"，专心著述，于1937年著成《古矿录》，这部著作的完成，使学界对中国古代矿产资源有了更加清晰的认知。该书依据我国两汉以来多种史书中有关矿产地点的资料，按矿种加以汇编，还附有20多个省的矿产图。1938年，他继续整理、注释完善此著，并在卷首慷慨写下刊词《水调歌头·好江山》：

由来矿人职，数典记周官。从头问取黄帝，兵甲始何年？更说汤盘禹鼎，神物长埋荆莽，何必尽虚传？天生五材耳，并用不能偏。

抵多少，盐铁论，货殖篇。铜陵金穴如许，满目旧炉烟。浩荡江湖南北，赤县神州万里，终古地灵蟠。不信江山改，依旧好江山！

《古矿录》在他逝世三年后的1954年由地质出版社出版，对全国各地的普查找矿具有极强的指导意义。

章鸿钊所著《石雅》，主要论述中国古代的金、石、玉器，涉及古生物化石和药用矿物等，是我国第一本材料丰富、考据精详的矿物学史专著，开创了中国矿物学史研究的先河

章鸿钊于1936年着手编撰、1938年重新修增、1939年完成的《古矿录》。全书20多万字，共分10卷，按省编述，并附分省矿产图25张。此书是了解中国古代矿产、矿业及其分布的珍贵文献

1941年，章鸿钊乘坐电车失足，摔伤左足踝骨卧床不起。在给学生的信上，他说虽受伤痛苦，却也因祸得福，摆脱了日本人的纠缠。抗日战争胜利后，章鸿钊迁居南京，任国立编译馆编纂。

1949年9月，在中华人民共和国成立前夕，72岁高龄的章鸿钊仍为新中国的地质工作尽心尽力，他号召全国地质工作者投身新中国地质事业的发展，为国民经济恢复和建设做出新的贡献。新中国成立后，章鸿钊著述之多犹如泉涌，新中国生机勃勃的景象鼓舞着他，白发老人章鸿钊开始以主人翁态度参加各类座谈会、代表会。受邀参加南京市人民代表大会期间，他激动地吟诗道：

爆竹声声祝太平，于今始解问苍生。林间小鸟解人意，也效嵩呼闹晚晴。

1950年8月25日，中国地质工作计划指导委员会成立，李四光出任主任委员，章鸿钊被任命为该委员会顾问。同年11月，章鸿钊抱病专程从南京去北京参加中国地质工作计划指导委员会第一届扩大会议，他说："我从事地质工作已经34年，从来没有像今天这样愉快。过去环境不好，在沉闷中过日子。自

从人民政府成立,情况大变,很重视地质工作……今天我们在好的环境下齐集一堂,是开地质界的新纪元。希望大家努力团结,为新中国的大事业而努力。"

1951年9月,74岁高龄的章鸿钊因肝癌与世长辞。在我国近代科学技术落后、地质科学几乎一片空白的条件下,章鸿钊怀着赤诚之心回归祖国,开创中国地质科学、地质教育事业。他致力于我国地质学研究和人才培育,严谨治学、著述宏丰。他痛心于我国大好河山和丰富矿藏任外国人勘探与觊觎,力主调查中国地质资源应以中国人为主体。他身体力行、不畏艰难,为推动和发展中国地质事业注入了一生的心血。中国早期地质工作者,或直接或间接,均受到他的影响。

章鸿钊晚年曾作《治学》一诗,是其献身中国地质事业四十余年披荆斩棘、奋斗一生的真实写照,也是中国地质学界筚路蓝缕、以启山林的艰辛历程的生动见证。

治学何尝有坦途,羊肠曲曲几经过。
临崖未许收奔马,待旦还应傲枕戈。
虎子穷搜千百穴,骊珠隐隔万重波。
倘因诚至神来告,倚剑长天一放歌。

1950年,李四光邀请章鸿钊参加中国地质工作计划指导委员会第一次扩大会议的电报

章鸿钊被任命为中国地质工作计划指导委员会顾问的通知书

章鸿钊的参会代表证

参考文献:

[1] 张佳利. 简论中国早期地质事业创始人章鸿钊先生[D]. 北京:中国地质大学, 2011.

[2] 弓玉. 地学泰斗章鸿钊先生[J]. 地球, 2003.

[3] 吴凤鸣. 中国地质事业的开拓者:章鸿钊[J]. 中国科技史料, 1994.

[4] 孙云铸. 纪念中国地质事业创始人章鸿钊先生[J]. 地质学报, 1954.

[5] 马翠凤, 蔡秀华. 章鸿钊与中国地质学[N]. 光明日报, 2016.

[6] 黄汲清. 略述中国早期地质工作中名列第一的先驱学者[J]. 中国科技史料, 1988.

[7] 钱伟长, 孙鸿烈. 20世纪中国知名科学家学术成就概览:地学卷:地质学分册[M]. 北京:科学出版社, 2013.

[8] 李学通. 中国地质事业初期若干史实考[J]. 中国科技史杂志, 2006.

[9] 刘亚民, 周其厚. 章鸿钊与中国近代地质事业[J]. 河北地质学院学报, 1989.

[10] 马翠凤. 章鸿钊画传[M]. 北京:地质出版社, 2016.

(图片来源:《章鸿钊画传》、中国地质图书馆)

知识链接

【中国地质学诞生前的时代群像】

清末至辛亥革命前,我国曾派遣大批留学生到国外学习。他们有的学习人文科学,有的学习自然科学和工程技术,学习地质科学的非常少。但是工程技术学科,特别是采矿冶金专业中也会涉及一些地质学知识。

华蘅芳是第一位翻译西方地质科学文献的学者。

潘松是第一位翻译矿物学及矿床学的学者。

周树人,即鲁迅,是中国第一位撰写讲解中国地质文章《中国地质略论》的学者,这是中国人讲中国地质的第一篇文章,但内容基本上是综合性情报工作。

王宠佑是中国第一位学习地质学的留学生,不过他回国后主要精力与时间投入采矿冶金事业,后经营锑矿出口贸易。

张相文是第一位撰写普通地质学教科书的学者,他是我国地学界资格最老的学者之一,中国地学会的发起人,也是我国最悠久的自然科学杂志《地学杂志》的发起人。

邝荣光留学美国学习采矿工程,1910年发表的《直隶地质图》是中国第一幅区域地质图,开创了中国人自己编绘地质图的先河。

【中国地质学史上的"十八罗汉"】

地质研究所是我国最早的地质专科学校,它只开办了一期培训班(1913—1916),开班时共有30名学生,中途因病、因故退学者8人,共有22人完成学业,其中18人取得毕业证书,中国地质学史上俗称他们为"十八罗汉",他们是:叶良辅、王竹泉、谢家荣、刘季辰、赵志新、周赞衡、徐渊摩、徐韦曼、谭锡畴、朱庭祜、李学清、卢祖荫、李捷、赵汝钧、仝步瀛、马秉铎、刘世才、陈树屏。

毕业后,他们大都进入地质调查所工作,《地质汇报》第一号(1919年)上刊出的5篇报告中,3篇为"十八罗汉"所撰。他们是中国自己培养的第一代地质学家,在中国地质百年历史上留下了浓重的一笔。

【中国近代地质教育】

中国近代地质教育的兴起，是随着洋务运动时期矿业的兴办之需而来的。

1862年洋务派在北京设立同文馆，1867年同文馆增设测地诸学，这里的测地诸学包含地质、矿物、岩石等知识，雇佣的教习多是外国人。地方洋务派随之效仿，当时明确提出开设地质学课程的地方洋务学堂有：湖北自强学堂、福州船政学堂、福州电报学堂、江南水师学堂、湖北矿务局工程学堂、浙江武备学堂、四川武备学堂，使用的教材以译著为主，且此时地质、地理知识多分散于其他学科之中，相关课程多为各学校或个别洋务进步人士自发进行的。

1895年以美国学制为蓝本，光绪帝御批官办的北洋大学堂成立，学堂设法律、矿务、工程和机器四学门，矿务学门内设采矿冶金科，真正意义上的高等地质工科教育由此起步发展。北洋大学堂是中国第一所设有采矿专业的高等学府，在一定程度上推动了中国近代地质教育的发展。

1902年，清廷开始进行学制改革，使中国有了一套从小学堂、中学堂到大学堂的完备学制，同时也促进了地质教育的系统化。1909年京师大学堂筹备开办分科大学，在格致科大学中创办地质学门（这里的"科"等同于现代大学的学院，"门"相当于"系"），此举标志着中国近代地质学教育的发端。

京师大学堂1909年地质学门第一次招生后，因为开课费用太高、学生太少，而暂时停办，地质学门处于名存实亡状态。尽管如此，我国高等学府毕竟有了理科方向的地质专业。1912年，京师大学堂更名为北京大学，格致科更名为理科。1916年秋，丁文江向北京大学校长建议，继续由北京大学担负起高等地质人才培养的教学重任。北京大学地质学门在1917年秋季正式恢复招生，此后一直保持连续招生再未有过中断。

大地
之子

中国地质学家
的科学情怀

中国地质调查事业奠基人——丁文江

简介：

丁文江（1887—1936），江苏泰兴人，地质学家，中国地质事业的主要创始人与奠基人之一。1902年至1911年期间，先后留学日本、英国，回国后在上海南洋中学任教。1913年创办了中国最早的地质调查机构、地质科学研究机构——地质调查所，并担任所长。其于1912年至1932年间，广泛开展地质调查，足迹遍及22省，发表地质调查报告、专著、论文40余份（篇）。1936年于煤炭资源考察途中，因煤气中毒逝世。

他是中国地质学会、古生物学会、地理学会主要创始人之一，曾两度担任中国地质学会会长，创办并长期兼任《中国古生物志》主编，开创中国地质科学意义上地质填图、找矿之先河。

箴言：

登山必到峰顶，移动必须步行。

丁文江（1887—1936）

中国传统地学有着漫长的历史和丰富的内容。浩瀚的古籍中记载着丰富的地学知识，如《山海经》《周礼·考工记》《诗经》《禹贡》等。然而秦汉以降，独尊儒术的封建思想体系形成，古典地学便陷入了"风水堪舆"的泥淖之中。即便后世有《梦溪笔谈》《天工开物》《徐霞客游记》之类的地学名著，但终究不是主流，风水迷信始终大行其道，未能完成向近现代地学的转化。到了近代，伴随西学的传入，西方新兴地质学被引进，大量西方地质学著作被翻译、介绍到中国，学科开始逐渐分化，研究方法更为科学规范。中国地质学的调查、地质图的测绘等方法论基础，基本上是由丁文江奠定的。在20世纪20年代"科玄论战"中，丁文江更是科学派主将，被赞为"中国的赫胥黎"。

丁文江1887年出身于书香门第，13岁便中秀才，1902年15岁的他前往日本，两年后，日俄战争在中国领土爆发，丁文江无法忍受日本人对中国人的傲慢与歧视，愤而远游英国。受"科学救国"思潮的影响，丁文江以优异成绩考入剑桥大学，后转至格拉斯哥大学，选择了具有实用价值和应用前景的学科，并以优异成绩取得格拉斯哥大学动物学、地质学双学士学位。除英语外，他还掌握了德语、日语、法语。1911年，海外求学十年的丁文江长途跋涉回到祖国。

为了解中国西南地区复杂的地质情况，他没走上海返家的捷径，而是乘海轮在越南登陆，从昆明出发，沿云南、贵州、湖南的崎岖驿道进行地质考察。他"用指南针步测草图，并用气压表测量高度"，一路走一路测量，这次考察中，他发现了当时地图中的很多不妥之处。二十年后，他参考此次考察中积累的制图测量相关资料，编辑了中国第一本完备的近现代地图册——分层设色的《中华民国新地图》，缩编本为《中国分省新图》。该地图册在国内被通称为《申报地图》，而在国外，如英国、美国的地理刊物在发表专文对此图进行评价和推荐时，则将其誉称为"丁氏

丁文江、翁文灏、曾世英编绘的《中华民国新地图》，1934年由上海申报馆出版。该书由序图、普通地图和城市图3个系列组成。序图7幅，普通地图44幅，城市地图2幅，末附地名索引36000余条。1933年，其缩编本《中国分省新图》初版，1934年再版，共有地图31幅。1948年第五版，共有地图35幅。在1933-1948年间先后发行5版，约20万册。

地图"（V.K.Ting Atlas）。该地图册具有划时代意义，被称作"国内地图革新之第一声"，在其后半个多世纪中，国内外有 40 多个版本的地图都以其为底图或参考，影响了几代学人。它还曾作为 20 世纪 50 年代中印边界谈判时的依据，作为划时代的经典之作，《申报地图》在中国的经济建设、军事行动、外交斗争中发挥了重要作用。

1913 年 1 月，丁文江应工商部矿政司之聘担任地质科科长。在章鸿钊规划蓝图的基础上，丁文江申请改地质科为地质调查所，并提出设立地质研究所。丁文江撰写《工商部试办地质调查说明书》，陈述地质调查在发展实业、建设国家中的重要性和应处的优先地位，提出应成立地质研究所以培养地质调查人才，并组织地质调查团，开展地质调查的具体方案。在丁文江的积极推动下，1913 年 9 月工商部决定成立地质研究所，培养年轻人才，同时将原地质科改组为地质调查所，从事实地调查工作。

地质调查所旧址——北京兵马司胡同 15 号（原 9 号）

德国学者李希霍芬的巨著 China。1868 年 9 月，李希霍芬到中国进行将近 4 年的地质地理考察，回国后，从 1877 年到 1912 年，历时 35 年，完成了 China 这套巨著

丁文江任地质调查所所长兼地质研究所所长。因上级主管机关名称的屡次变更，这个机构先后被称为工商部地质调查所、农商部地质调查所、实业部地质调查所、经济部地质调查所及中央地质调查所等，但对外一律称中国地质调查所，英文名称是：National Geological Survey of China。

我国近代的地质调查事业，是由外国人最先从事的。他们以探险的名义，在中国大地上不断考察、著书绘图、收集资料。这些活动和记录，虽然对我国早期地质事业的发展有些许的启发和帮助，但是，这些外国地质人员的工作，其本质是为帝国主义国家在中国找寻矿藏、便利资本输出服务的，具有掠夺性质。中国人应用地质学知识，独立、系统地开展中国地质调查与研究工作，是

地质调查所标本陈列室

1916年7月地质研究所毕业生留影。前排自右至左：丁文江、章鸿钊、翁文灏。从地质研究所正式毕业的共18人，全部进入地质调查所工作，其中叶良辅、赵志新、王竹泉、刘季辰、谢家荣被派为调查员，周赞衡、徐渊摩、徐韦曼、谭锡畴、朱庭祜、李学清、卢祖荫为学习调查员，马秉铎、李捷、仝步瀛、刘世才、陈树屏、赵汝钧6人则继续学习。日后，他们均成为中国地质事业的脊梁

从1913年丁文江推动成立的中国地质调查所开始的。

地质调查所虽然成立了，但工作人员只会行政工作，面对地质调查工作无专业人员可用、无专业人才输入的情况，丁文江提议地质研究所以培养地质调查员为目标，招生授课，培养地质人才，他认为发展科学"必须有一群受过实际训练的人作基础工作"。至此，由章鸿钊、丁文江和翁文灏等组成教学队伍，开创了"以中国之人，入中国之校，从中国之师，以研究中国之地质者"的先河。地质研究所只开办了一期培训班（1913—1916），培养出了中国本土的第一批地质学人，当年毕业的十八名学生随即进入地质调查所工作，在丁文江等人的率领下，开始在国内进行大规模地质调查，中国地质调查所的工作由此得以展开。这批地质学人后来成为中国地质学界的中坚力量，中国地质学史上俗称他们为"十八罗汉"。

为了促使地质学科的长远发展，丁文江向北大校长蔡元培建议，恢复北大地质学系，大力发展地质学科。相比于地质调查所、地质研究所，北京大学等学校理应是更适合培养地质学人才的机构。地质调查所此后专做调查研究工作，同时可吸收地质学的毕业生，使他们有深造的机会。在此思路下，丁文江协助北京大学恢复地质学系，帮助延聘外籍教授，后来更是担任研究教授，参与地质教学工作。同时也提议中央大学开设地质系，并担任名誉教授，为培养我国地质人才做出了杰出贡献。

丁文江注重实地考察，是在我国开展区域地质调查的首位中国人。他认为，

地质学是一门实践性很强的自然学科，野外调查是地质学实践最重要的一步。实地考察，态度认真还不够，方法也必须科学，因此在教学实践中丁文江强调要把方法传授给学生。在繁忙的公务之余，丁文江总会挤出时间，亲赴教学第一线，在努力传授理论知识的同时，带领学生开展野外调查实践。他的学生每周都被带到野外考察，一手拿锤打石，一手用指南针与倾斜仪以定方向测角度，同时自行测量地形，绘制地图。中国地质科学自开端始，便具有一股身体力行的科学实证之风。

在完成各类公务及教学任务外，丁文江把主要精力投入到地质调查之中。他调查区域地质均以地质图表示，清晰绘出各种地质体间的相互关联及地质特征，确定了地质图的测量方法。1913年，丁文江赴正太铁路沿线进行地质矿产调查，采集了大量矿石标本，测绘制作成地质图，初步确定石炭系煤田构造及煤层分布状况，还首次明确厘定了"太行山"

地质研究所旧址

民国初年，北京大学因故停办地质学一门，将位于北京景山东街（马神庙）的原京师大学堂地质学门的校舍、教学中所需大部分的图书、仪器、标本及部分教员，暂借给地质研究所办学。图为1917年的北京大学

丁文江等带领学生野外实习考察地质。1913—1916年间，地质研究所的师生们"北抵朔漠，南涉鄱阳"，足迹遍布7省市40余处，前后共组织了10余次野外实习，总计100多天

的概念。此次野外调查标志着中国人自行调查中国地质的开端，丁文江也成为中国第一位发表地质矿产调查报告的学者。他及其团队在此次野外调查报告中绘制的《井陉煤田地质图》是中国近现代公开发表的第一份区域地质图，与其后来赴云南调查绘制的《滇东路线地质图》共同开创了中国人野外地质填绘中国地质图的先河。

1914年，丁文江只身赴云南东部和川黔一带，结合铁路选线做地质矿产调查。他研究了东川的铜矿、云南个旧的锡矿及宣威一带的煤矿矿藏，绘制了西南区域的矿产分布图，并从地层学角度对寒武系、志留系的化石进行分析，标识了地层与地质构造，纠正了外国地质学家关于中国西南部地层的错误划分。此举不但奠定了滇东地层的理论基础，也为西南地区矿业的发展打下了基础。

1914年，丁文江单独赴云南、四川、贵州调查地质。图为丁文江在云南路南县巧家进行测绘

1915年2月，山东枣庄煤矿发生矿难，他前往考察，并提出相应措施。1915年和1916年初，他带领地质研究所学生赴京、晋、鲁、皖、浙等地实习。1917年初，赴河南六河沟进行地质调查。同年，赴赣、湘调查萍乡煤田和上株岭铁矿，又赴苏、皖、浙三省调查扬子江下游矿产。1918年，赴山西大同和晋豫边境黄河西岸调查期间，发现三门系及其动物群。在1913年至1918年的五年里，丁文江的重点是进行矿产资源勘查，同时也兼顾地层学、古生物学等科研工作。

当时，大多数中国人对地质学的重要性毫无认知。一方面，很多人难以接受地质研究，认为

"上下山谷间，纵横六七省"，第一批地质学子随同老师，采集岩石、矿物、古生物等标本数千件，精选917件在毕业时举办"学生成绩展览会"。图为农商部地质研究所学生成绩展览室

1929年,丁文江负责对西南诸省的地质调查,这是丁文江一生中最后一次大规模地质调查活动

地质研究像《山海经》之类玄幻;另一方面,旧时国人受传统习惯影响,更偏好坐而论道。对于这种学术习惯,德国学者李希霍芬批判道:"中国的文人们性情懒惰,他们历来不愿意很快行动。按照他们的观点,步行就是降低身份,从事地质行当在人们心中就是斯文扫地。"如此评价显然存在偏见,却也揭示出千年以来,中国的读书人始终对体力劳动心存芥蒂的原因,他们寒窗苦读,就是为了逃离田野,登上庙堂。毕竟,地质考察需要风餐露宿、日晒雨淋,看起来不像个体面的职业。

"九一八"事变后,地质调查所于1935年从北平迁至南京。图为南京中央地质调查所

丁文江对这个评价反应很激烈,他在地质考察中,沿着前人走过的路又修正前人走过的错路,用行动引领了地质科学实地调查的潮流,为中国地质学研究带来了脚踏实地、勇于开拓的实证之风。这对于自然科学研究刚刚起步,且深受传统思想左右的旧中国具有不可估量的影响作用。

1929年,丁文江又率队前往西南地区进行大规模综合地质考察。经过本次调查,他们不但摸清了重庆、贵州、广西等地的矿产资源,填绘了二十万分之一的详细地质图,还创造了"丁文江测绘法"。地质队成员们"用计步法测距

1933年，丁文江（前排左四）代表中国地质学会参加第十六届国际地质学大会

离，用罗盘定方位"。首先精确测定本地的位置，"一面观测自己挑选恒星位置，一面收听马尼拉天文台报时，同时记录下怀表的准确时、分、秒"，由这些数据即可计算出经纬度，这就是"天文定位方法"。"当天野外工作完毕后，在驻地必须由地质员把地质构造绘制到由测量员绘出的地形图中，成为初步的地形地质草图"。丁文江言传身教，强调发展科学事业，科研人员必须具备艰苦奋斗、自强不息的拼搏精神，这种精神是我们民族复兴的根本。

1935年底，丁文江受托为粤汉铁路寻找煤炭资源，同时为清华大学战时迁校选址。他在湖南考察谭家山煤矿后身患重感冒、夜宿旅店煤气中毒，终因抢治无效，于1936年1月5日殉职，时年49岁。他的挚友胡适感叹道："丁文江是为了'求知'死的，是为了国家的备战工作死的，是为了工作不辞劳苦而死的。"国际著名期刊《自然》杂志在其《讣告》中称"他是一位远见卓识的开拓者，他对科学和科学应用的发展产生过巨大影响"。

作为近代中国享有国际声誉的地质科学家、中国地质学的开山鼻祖之一、中国地质调查事业的开拓者，丁文江为中国地质事业开创了诸多第一：第一位发表地质矿产调查报告并附有区域地质图的学者；第一位远赴边疆的学者；第一位发表中国矿产资源论文的学者；第一位详细研究煤田地质，并建议进行有计划的钻探从而获得经济效益的学者；第一位用统计学方法研究古生物的学者；

第一位以地质学家身份主持铁道勘查的学者；等等。

丁文江非常清楚科学对于改变中国贫穷落后面貌的重要作用，因此终生致力于弘扬科学、发展科学的事业。他心系民众，胸怀自强不息的报国壮志；他重视实践，强调理性分析的科学精神；他独立思考，具有直言争辩的创新思维。他的所有种种，对早期的中国地质学人和中国地质事业的发展产生了深远影响。

如今，中国正在从地质大国向地质强国迈进。丁文江栉风沐雨、脚踏祖国山川大地为国找寻地下宝藏的言传身教，已成为中国地质人代代传承的不竭精神动力。

参考资料：

[1] 魏邦良.地质学大师丁文江：一代真才一世师[J].档案记忆,2017.

[2] 王男.丁文江思想研究[D].哈尔滨:黑龙江大学,2021.

[3] 狄丽娜.丁文江研究[D].武汉:华中师范大学,2006.

[4] 蔡克勤,陈宝国,刘晓鸿.丁文江与《徐霞客游记》：简论丁文江的科学探索精神[J].国土资源科普与文化,2017.

[5] 丁亚.为全种万世而牺牲个体一时：追忆丁文江先生[J].国土资源科普与文化,2017.

[6] 彭丽华.中国"地质学之父"丁文江[J].书屋,2021.

[7] 钱伟长,孙鸿烈.20世纪中国知名科学家学术成就概览：地学卷：地质学分册[M].北京:科学出版社,2013.

[8] 李学通.地质调查所沿革诸问题考[J].中国科技史料,2003.

（图片来源：丁文江故居、中国地质图书馆）

知识链接

【早期地质调查的艰辛】

20世纪初各地匪患频发，地质调查条件十分艰苦，野外考察人员牺牲比例很大。在西南地区的大规模地质考察中，年仅31岁的赵亚曾被土匪杀害。赵亚曾1923年毕业于北京大学地质系，被誉为"地质学的天才"，丁文江将其视为传业弟子。赵亚曾的不幸离世令其悲痛万分。丁文江终生致力于中国地质调查事业，多次进入茫茫荒野、高山峡谷，艰难险阻远超常人想象，最后也是因坚持下到深井考察而因公殉职。由此可以窥见，彼时中国地质调查事业之艰辛，以及中国地质学人之拼搏自强。

【李希霍芬】

两次鸦片战争后，清政府被迫向西方敞开大门，《天津条约》明确允许外国人到中国内地游历、通商、自由传教，使得来自西方的传教士、探险家、商人得以开始深入中国腹地活动。

德国地质学家李希霍芬便是这一阶段来华考察的代表人物，他学术研究的背后是德国的权力扩张和政治意图。

李希霍芬在1868年至1872年间，曾对中国进行了七次地质调查，足迹遍及当时十八个行省中的十三个，撰写了十一份考察报告，是近代中国地学研究先行者。其考察内容遍及中国的山川、气候、人口、经济、交通、矿产等各个方面。回国后李希霍芬出版了巨著《中国——亲身旅行的成果和以之为根据的研究》，打开了近代西方国家认识和了解中国的窗口，也令其学术地位和社会声望享誉全球。

他曾傲慢断言："中国学者只知安坐室内，不能吃苦登山，所以他种科学或能发达，唯有地质学中国人决不能做。"这一局面直到丁文江、章鸿钊、翁文灏等人身体力行，率领众弟子四处调查、绘制地质图、探察矿产资源，才走向终结。

【丁文江与"科玄论战"】

辛亥革命推翻了封建帝制,深刻的社会变革已然开启。围绕国家、民族的命运,各种社会思潮风起云涌、跌宕起伏。20世纪20年代初,文化界出现一股与"五四精神"逆流而动的思潮,其代表言论是1923年2月张君劢在清华大学发表的题为"人生观"的演讲。张君劢的观点使丁文江"引为忧患",他担心其观点"与科学为敌,深恐有误青年学生",就在《努力周报》上迅速刊出第一篇反驳文章,给倾向于玄学而抛弃科学的青年学生敲响警钟,由此拉开了"科学与人生观"的大论战(即"科玄论战")。丁文江与张君劢是科学与玄学两派的主要人物,科学派的基本观点得到包括陈独秀、瞿秋白、胡适等较多人的支持,对刚刚起步的中国新文化运动,起到重大推动作用。

尤须一提的是,论战双方虽观点针锋相对,但论战者尤其是主将丁文江与张君劢,却均有容人雅量、君子之风。不同意见得到充分阐发,学者之间又保持着和谐、友谊的局面。丁文江在他发表的《玄学与科学——评张君劢的〈人生观〉》一文中的引言第一节开篇处就解释了玄学是科学的对头,现在我们要抨击的是玄学而非张君劢,强调他与张君劢之争是"玄学与科学"之争。张君劢在文中动辄称丁文江为"吾友",而丁文江也坦荡于人言称自己与张君劢私交甚笃。在致章鸿钊的信中丁文江谈道,自己之所以"出而宣战,纯粹为真理起见"。丁文江逝世后,张君劢敬献的挽联是:"科玄争,是非虽各执;义利辨,朱陆本同乡。"

大地
之子

中国地质学家
的科学精神

中国地质理论研究开拓者——翁文灏

简介：

翁文灏（1889—1971），浙江宁波人，地质学家、地理学家，中国近代地质学、地理学奠基人之一。1908年，考取公费赴欧洲留学，1912年毕业于比利时鲁汶大学，为中国第一位地质学博士。1921年后长期任地质调查所代所长、所长。1929年，主持创办清华大学地学系，任第一届系主任。1954年后，历任第二、三、四届全国政协委员。

他在地质构造学、矿产区域理论、地震学及地图学等诸多领域做出开创性贡献，他提出的燕山运动学说，被地质学界沿用至今。在他的率领下，中国基础地质填图、矿产资源调查、地震测量与研究、中国土壤调查与研究、地质学理论研究等领域，取得了一系列奠基性、开拓性的成就。

箴言：

科学的精神，最重于对真理的探寻与信仰，虽艰苦，冒危险，而决不畏缩规避。

翁文灏（1889—1971）

翁文灏20世纪20年代于北京丰盛胡同三号办公室

翁文灏是中国地质事业的奠基人之一。怀揣为祖国富强、民族振兴的梦想，翁文灏奋斗了终生。作为中国地质学鼻祖，翁文灏创造了中国地质历史上多个"第一"：他是中国第一位地质学博士；第一位撰写中国矿产志的中国学者；第一位代表中国出席国际地质会议的地质学者；第一位系统而科学地研究中国山脉的中国学者，中国第一本《地质学讲义》的编写者。

翁文灏总结中国东部中生代构造演化，提出"燕山运动"的概念，解释中生代时期大规模的造山运动，标志着中国构造地质学开始创立发展。"燕山运动"研究的不仅仅是区域构造问题，还是大区域的重要构造事件，也是中国乃至亚洲的大地构造问题。这一概念的提出，拉开了中国地质理论研究的序幕。

翁文灏13岁时参加科举考试，成为县学附生，是最后一代秀才。科举废除后，他于1906年入上海震旦学院预科，并于1908年考入比利时鲁汶大学。1912年，他完成博士论文《勒新地区的含石英玢岩研究》的写作与答辩，这是中国人撰写的第一篇地质学博士论文，这项研究在显微镜研究方法上有所创新，在当时的比利时具有填补空白的意义。

当时正值中国地学新旧交替的时期，近现代科学意义的地质学研究尚未开始，外国人在华考察活动频繁。1913年翁文灏学成归国，恰逢地质研究所成立，他谢绝了到外资煤矿当高薪总工程师的邀请，接受地质研究所专职教授的职务，培养了中国第一批地质人才，其间还编写了中国第一本《地质学讲义》。

地质研究所由于本身是行政机构，所以其任课教师基本上都是兼职，主力教员是章鸿钊、丁文江、翁文灏三人，而专职教员仅翁文灏一人。章鸿钊主讲地史学和矿物学，丁文江主讲地文学和古生物学，翁文灏承担的课程最多，主讲地质学、矿床学和构造地质学等。

在课堂教学方面，地质研究所的教师除了日常讲课不照本宣科外，还有一个非常显著的特点，就是尤其重视对学员在野外实习中的培养和锻炼。由于地质研究所培养人才的唯一目标就是让学员修习后成为专业的地质调查人才为国家所用,这决定了教学中的重点。

《地质研究所师弟修业记》即是师生们历经三年的野外地质考察所做的地质调查报告的汇总,这本专著是翁文灏与章鸿钊合作审定、编制而成的,它是我国地质学者编写并出版的第一部区域地质专著的开端。该专著出版前,翁文灏为此书作序时写道:"我国地大物博,而生息休养于斯土者,不自研究之,自考察之,而坐待他国学者之来游迨,既知考察研究之不可已矣。而必要之知识,相当之经验,又不可不求学于他国之校与他国之师。孜孜研究者数年,劳劳奔走者数百千里,而于本国之地质仍不免于耳食之谈,隔膜之见,此诚未可讳言者也。地质研究所诸生未得更贤于余辈者以为之师,是诚憾事。然而以中国之人,入中国之校,从中国之师,以研究中国之地质者,实自兹始。登泰山而考片麻岩,涉长江而考冲击层,其胜于余辈为学时,不亦远哉!"

谢家荣在1915年时的毕业报告《直隶龙门县附近地质报告》,翁文灏在其上批注:"读书颇多,观察太少,故于本题往往累而不详,殊为可惜,岩石报告研究颇有心得,惜各岩石实地关系多不明了。"

在教学工作外,翁文灏还曾在地质调查所成立初期即任矿产股股长,他以调查中国各种矿产资源为志,致力于中国矿产地质的成因、各种矿产储量及分布规律的调查与研究。他在煤、铁、石油以及各种金属矿产和非金属矿产资源的研究方面,都做了大量工作。

1919年,翁文灏写成《中国矿产志略》一书,详述中国各种矿产的分布情况、矿床生成理论,还附有1:600万比例的着色中国地质图。该书同时也是中国石油地质的破晓之书,书中概述了中国石油矿产的分布,指出了中国石油天然气分布区域,还突出论述了陆相地层中石油天然气问题,从地质、地史的角度,明确提出在

1916年，章鸿钊、翁文灏将地质研究所师生的实习报告汇编成《地质研究所师弟修业记》，该书是中国早期地质实习教科书。本书详尽介绍了该所的沿革，并附有收录章程、学生课程表、实习规则、教员学生情况、毕业报告、图册表、财务预决算比较盈亏表，图书、仪器、标本存储表等史料，并附有8张珍贵照片，是研究近代地质学史的珍贵史料

翁文灏撰写的《调查西北地质矿产计划》。翁文灏是近代为数不多的对西部开发问题进行深入研究和思考，并提出较系统全面的理论与政策阐释的学者之一。在此计划中，他对西部开发中的许多具体问题，都提出了见解和方案

《中国矿产志略》书影

20世纪20年代，甘肃海原（现属宁夏回族自治区）发生人类历史上罕见的8.5级特大地震，这是20世纪我国发生的最大的地震。兰州白塔寺的庙碑上用"寰球大震"四个字来形容这次地震。接到甘肃地震消息后，内务、教育、农商三部组成六人的甘肃地震灾区调查团，赶赴地震灾区进行调查，翁文灏任团长。图为翁文灏关于甘肃地震考察的相关研究报告

陆相侏罗纪地层中存在石油，认为石油地层是在侏罗纪之后内湖、浅海干涸时形成的。这些论断是中国最早的石油地质理论，也是中国石油地质学说的开始。在之后发表的《中国石油地质问题》中，翁文灏又进一步提出了海相地层和陆相地层都可以生储大量石油的观点，将其石油地质理论又向前推进了一步。

1921年，翁文灏接替丁文江担任地质调查所所长，在资金并不充足的情况下，他利用各种合作、募捐、援助等形式，把地质事业建立起来并带来跨越式发展。十余年间，翁文灏率领众多地质学家在基础地质填图、矿产资源调查、地质古生物及古人类研究、地震测量与研究、地质学理论研究、中国土壤调查与研究、中国地图编绘等领域，取得了一系列奠基性、开拓性的成就，实现了地质科学研究的本土化。

1926年，翁文灏在第三届泛太平洋科学会议上作《中国东部地壳运动》报告（此次会议是中国科学家第一次组团参加国际科学会议），用中国东部大地构造图作为附图，对中国东部中生代以来的地壳运动做了阐述，提出了"燕山运动"的概念。在此之后，翁文灏连续著文论述"燕山运动"。

次年2月，在中国地质学会第5届年会上，翁文灏作《中国东部中生代以来之地壳运动及火山活动》演说，随后在《中国地质学会会志》第6卷第1期发表文章，对其第3届泛太平洋科学会议的论文做了修改、增补、扩充。翁文灏在文

章中将中国东部中生代以来的地壳运动分为四大期：秦岭期、燕山期、南岭期和陇山期，重点论述了燕山期。除此之外，还讨论了包括日本、朝鲜半岛和美国、加拿大等环太平洋地区中生代的构造变形。

1929年，翁文灏对阴山与秦岭之间华北为主要区域的燕山期逆冲构造进行专门论述。翁文灏系统分析了区域燕山晚期逆冲构造，认识到这是燕山晚期变形的重要特征，并用燕山造山作用阐明"燕山运动"的重要意义。

翁文灏提出中国东部"燕山运动"的理论后，中国东部区域的造山运动逐渐成为热点议题。"燕山运动"的发现是20世纪中国和太平洋区域地质学的重大成果，它纠正了过去李希霍芬、奥勃鲁契夫等外国专家的错误之处，使"环太平洋构造"这个全球概念，获得了完整而现实的内涵，也成为中国科学家对世界地质科学的重要贡献之一。"燕山运动"一词也为国际地质学界接受和认可，沿用至今。

1930年，地质调查所鹫峰地震研究室落成，这是中国人自建的第一个现代地震台，中国的现代地震科研事业就此开启。翁文灏（前排左二）、丁文江（后排左一）等在鹫峰地震台留影

翁文灏（左二）1931年于北京周口店

如何处理好基础理论研究与应用性研究的关系，是翁文灏当年致力探讨与实践的重要理论与现实问题。他在1916年中国第一批地质学生毕业之时便谆谆告诫："一方面发挥学理，以增吾人科学之智识；一方面尤须留心实用，尽科学之能事，以发明吾国之地利矿质。"他认为清末洋务运动以来，虽然积极讲求西学，但因为只是把西学"视为做机器、造枪炮之学。惟其只知实用不知科学真义，故其结果不但真正科学并未学到，而且因根本不立，即做机器造枪炮之实用亦并未真正学好""不明科学的真正意义，且不从真正研究入手，虽肯极力提倡，亦是不得效果的"。

"七七事变"爆发后，翁文灏连续两次公开致函地质调查所同仁，号召大家以努力工作和成果，贡献于全民族抗战，并指出"科学的真理无国界，但科学人才、科学材料、科学工作的地方，都是有国界的。万不应托名科学而弃了国家"。他认为："现在真是中国的生死关头，全国的人都应努力奋斗，做出几件重要的事来，振起全世界的观听，从将死的途中保全生命。"抗战期间，日本封锁了海上能源供应，中国的能源供应成了棘手问题。在此形势下，翁文灏主张开发玉门油田，并与周恩来商洽移用钻机。周恩来当即表示"同心为国，绝无异议"。在周恩来的直接关心下，陕甘宁边区从延长油矿抽调20多名技术工人和两部顿钻支援玉门油田的勘探开发。1939年，玉门第一口油井获工业油流，成为中国开发的第一个油田。试采成功的消息传出，全国抗日军民受到极大鼓舞，玉门所产油品被陆续运往抗日前线支援抗战。玉门油矿的建设不仅有力支持了中国的抗日战争，而且成为世界石油地质史上非海相油田的一个重要实例，这一实例为以后中国在东北地区开发大庆油田提供了依据。在此过程中，还造就了中国自己的石油工业队伍，培养了一批勘探、生产、炼制石油的专业人才，"铁人"王进喜便是当年玉门油矿的技工。后来国家发展所倚重的很多人才，便得益于那时的培养。

翁文灏的论文《中国东部中生代以来之地壳运动及火山活动》1927年发表于《中国地质学会会志》

1922年，中国地质学会成立。章鸿钊（前排左一）、丁文江（前排左二）、翁文灏（前排左三）与中国地质学会创立会员合影

1937年10月，翁文灏发表《告地质调查所同人书》，勉励大家在抗战期间，各自要善用其所长，为国尽力

作为中国地质研究的先行者，翁文灏不仅在推动中国地质科学研究的发展方面发挥了奠基者的作用，在科学精神的传播、近代科学研究规范在中国的确立等方面同样贡献甚巨。他曾多次在公开演讲和文章中，

翁文灏（左三）与科学社成员在欧美同学会合影　　翁文灏（三排右二）1922年参加第十三届国际地质大会时的合影

通过对什么是科学精神、为何研究科学、如何研究科学、如何推动科学的创新、科学家追求真理与热爱祖国是否矛盾等问题的讨论，阐述科学精神，宣传科学真义，影响了整整一代中国知识界。他认为创新是科学的本质性特征，"科学之为物，日新月异而靡有止者也"。而要能够实现不断创新的目标"厥道惟二：一曰观察事实；二曰推原终始"，以唯物、虚心、独立的态度，研究自然。

毛主席称翁文灏是一位有爱国心的人士，高度赞扬了他的爱国主义精神。1954年后，翁文灏受邀担任全国政协委员，他积极参加全国政协各项会议和活动，以地质为出发点对国家经济建设提出相应的建议和意见。翁文灏怀抱科学救国之志，培养地质人才、创立"燕山运动"学说、提出石油生成地质理论、详述矿床生成理论、开辟国际地质学术交流，为我国地质科学事业的发展奠定了基础。他的一生经历丰富，充满了风雨坎坷、矛盾和波澜，但其为中国地质事业、地球科学研究做出的杰出贡献，值得我们长久的缅怀和纪念。

参考资料：

[1] 高继宗. 地学大师翁文灏（上）：纪念翁先生诞辰120周年 [J]. 城市与减灾,2010.

[2] 高继宗. 地学大师翁文灏（下）：纪念翁先生诞辰120周年 [J]. 城市与减灾,2010.

[3] 薛毅. 翁文灏与近代中国石油工业 [J]. 石油大学学报（社会科学版）,2005.

[4] 李学通. 翁文灏与中国近代地球科学事业 [C]// 中国地质学会地质学史专业委员会，中国地质大学（北京）地质学史研究所. 中国地质学会地质学史专业委员会第21届学术年会论文汇编,2009.

[5] 翁心钧. 翁文灏古人类学与历史文化文集 [M]. 北京. 科学出版社,2008

[6] 钱伟长，孙鸿烈.20世纪中国知名科学家学术成就概览：地学卷：地质学分册 [M]. 北京：科学出版社,2013.

（图片来源：中科院地质与地球物理研究所所史馆、《翁文灏古人类学与历史文化文集》、全国地质资料馆馆、中国地质图书馆、丁文江故居、中国矿业报《地质调查所与"赛先生"》、中国自然资源报、中国矿业报《百年风华铸就辉煌篇章》）

知识链接

【燕山运动】

北京西山是"燕山运动"的命名地。"燕山运动"从2亿1千万年前左右开始，到6500万年前结束，属于晚三叠世到白垩世时期。在这段漫长的岁月里，我国许多地区由于地壳受到强烈挤压，褶皱隆起，成为高山，燕山山脉就是最典型的代表。同时产生了太行山脉、贺兰山、横断山脉、唐古拉山、雪峰山等山脉。"燕山运动"是东亚大陆构造体制从古特提斯及古亚洲洋构造域转变为环太平洋活动大陆边缘构造域的产物，是中国东部和东亚区域中生代独特的重大的地质构造事件。

【农商部地质研究所】

1913年隶属工商部的地质研究所成立，1914年初农林部与工商部合并为农商部，地质研究所随即更名为"农商部地质研究所"。面对中国地质事业急需创业型实地调查人才的形势，章鸿钊、丁文江、翁文灏三人共同议定在课程设置上以应用性的教学为主，理论性的教学为辅。他们在为学员进行野外实习讲解时，反对"一切以书本为是"论，主张理论联系实际，在专业基础理论为指导的原则下，以野外实地考察和观测来验证既成观点的正确性和可靠性，鼓励学生敢于质疑发问。同时，所有参与野外实习的学生，每次从野外归来后都被要求必须提交报告，由教员逐一审查并指示得失。

1916年7月14日举行毕业典礼，农商部地质研究所就此结束。章鸿钊、翁文灏将地质研究所师生历年所作地质调查报告等成果，编纂成《地质研究所师弟修业记》一册。在短暂而卓有成效的三年时间之中，地质研究所不但为我国培养第一批地质人才，更是自此确立了重视野外地质实训的良好传统；同时，基于研究所师生们野外考察所得的相关区域地质报告汇总而成的专著的问世，也为我国地质调查人员在以后进行野外地质考察、勘探与研究提供了可以查阅借鉴的第一手资料。

1927年2月，国民政府中央政治会议决定建立中央研究院，并在院内设多个学科的研究机构，地质研究所是其中之一。1927年10月，大学院函聘翁文灏、李四光、朱家骅、李济、徐渊摩等为地质研究所筹备委员，并聘请徐渊摩为常务委员。1928年1月地质研究所正式成立，李四光任所长，这是中央研究院最早成立的研究所之一。

【翁文灏与地震研究】

翁文灏在我国最早从事地震地质研究与实际考察地震。1911年至1927年，是中国震灾最严重的历史时期之一。这一时期，翁文灏发现历史地震的分布区域皆与地质构造相关联，认为地质构造是发生地震的原因，并依此划分出16个地震带。翁文灏深入研究地震规律，指出中国境内地震带的位置与地质构造的关系：地震带皆有大断裂；发生大地震的断裂，时代都较新；水平断层与垂直断层皆能发震；折曲山脉似与地震无关。据此，他绘制了中国第一幅地震区域分布图，其论文《中国某些地质构造对地震之影响》在国际上率先将地质构造的断层与地震灾害联系起来，开辟了地震地质研究的方向。

1920年，甘肃海原（现属宁夏）发生8.5级大地震，翁文灏前往重灾地区，历时4个多月的艰苦考察，实现了我国第1次大规模的地震科学考察。他全面总结了研究成果，绘制出等震线图，研究了现代地震科学的基本问题，如强度、位置、烈度、地震活动序列、前兆现象、灾害特征、救灾赈济、地震成因、地震地质等。

归来后，翁文灏将甘肃的历史地震按年代顺序编排，得到中国第一个省区地震年表，并撰写了《甘肃地震考》。翁文灏基于对1917年安徽霍山地震与甘肃等地的地震考察情况，出版《地震》一书。在翁文灏的主持下，地质调查所于1930年在北平西山建立了鹫峰地震台，中国从此有了自己建造、自己管理的测震台，中国自然科学意义上的地震观测与地震科学研究从此开始。

翁文灏一行对海原地震的调查也是我国地震研究史上第一次由地质专业人员用科学方法实施的详细而全面的地震现场科学调查，他们所做的工作是我国地震学研究的开端。

大地
之子 中国地情学家
 的科学精神

新中国地质事业的主要奠基人——李四光

简介：

李四光（1889—1971），原名李仲揆，湖北黄冈人，地质学家，地质教育家，中国现代地质学的开拓者，新中国地质工作的主要奠基人。1904年，留学日本，其间加入同盟会，1910年毕业。1913年，考取公费赴英留学，1918年毕业并获理学硕士学位。1920年，受聘于北京大学，历任教授、系主任等职，1928年，任中央研究院地质研究所所长。1950年后，先后任中国地质工作计划指导委员会主任、地质部首任部长、中国科学院副院长、中国科学技术协会主席等，组织领导全国地质工作。1955年，当选为中国科学院学部委员（院士）。

他开拓了中国第四纪冰川学、微体古生物学、地层学和大陆地球动力学等一系列新领域，创建了地质力学、中国第四纪冰川地质学、地震地质学等新学科，为发展我国石油工业做出巨大贡献。

箴言：

真正的科学精神，是要从正确的批评和自我批评发展出来的。真正的科学成果，是要经得起事实考验的。有了这样双重的保障，我们就可以放心大胆地去做，不会自掘妄自尊大的陷阱。

李四光（1889—1971）

中年时期的李四光

新中国的诞生开启了地质矿产事业一个崭新的时代，地质事业发展成为推动国家生产建设的重要环节。在党和国家的号召下，广大地质工作者以奋斗进取的精神面貌，全身心投入工作中，他们克服重重困难，在各自的工作岗位上为新中国建设贡献着力量。在推动新中国地质事业的发展上，李四光发挥了重要作用。

李四光1889年出生于湖北黄冈，在他5岁那年，甲午海战的惨败成为整个民族心中的伤痛，也让李四光在少年时代就有了学习造船的理想。受洋务运动影响，李四光只身赶赴武昌，以第一名成绩考入新成立的新学堂武昌西路第二高等小学堂。1904年，年仅15岁的李四光被选派赴日留学，完成三年的初等数理化课程。在日本，16岁的李四光加入了同盟会，成为最年轻的创始成员。宣誓仪式上，孙中山送他"努力向学，蔚为国用"，而李四光也用一生践行了这8个字。1907年，他如愿考取到大阪高等工业学校舶用机关科，学习造船科学技术，希望能为祖国造出强大的轮船，三年后李四光以优异成绩毕业回到阔别六年的祖国。

1911年辛亥革命成功，李四光应湖北军政府之邀，出任实业部部长。而在努力工作之际，袁世凯篡夺革命果实，新兴的官僚集团和帝国主义沆瀣一气，李四光想要发展实业、造福人民、建设新湖北的愿望化为泡影。他愤而辞去职务，准备"再读书十年，准备一份力量"，然后再"蔚为国用"。

1913年，李四光考取公费赴英留学，英国是工业革命发源地，他认为矿业是兴国富民之本，没有铁矿就炼不出钢造不出船，经反复考量，最终选择了学费较低、采矿专业较强的伯明翰大学，就读采矿系。一年后李四光转入地质系，因为他发现，中国的地质条件及矿产分布在当时是一片空白，没人对中国做过系统的地质考察，没有地质资料等基础信息支撑的找矿，无异于盲人般摸索。地质学是开发矿业的基础学科，只有学了地质才能知道矿产在哪儿。从学造船到学采矿，再转学地质，这背后的原因只有一个——"国家需要"。

1918年硕士毕业后，李四光对欧洲进行了一年的地质考察，归国后应北大校长

李四光的野外调查记录本、笔记本（原件）

蔡元培之邀，于 1920 年赴北大地质系执教。1928 年，李四光赴南京任中央研究院地质研究所所长，任职长达 20 余年，并明确地质研究所的研究方向"应特别注重讨论地质学上之重要理论，目的在解决地质学上之专门问题，而不以获得及鉴别资料为满足"。任职期间，李四光在进行北方富煤石炭二叠纪地层研究中，于海相灰岩中发现了大量小体积、两端尖、中间突出、形状像纺锤的化石，我国民间习惯称纺锤为"筳"，李四光以此为据，在"筳"旁加个"虫"字，给这种化石起了个新名"蜓"。李四光将其命名为"蜓科化石"。

1928 年，李四光（左四）与北京大学地质学系学生合影

蜓科化石是一种标准化石，具有很重要的地层时代鉴定意义。1923 年李四光的论文《蜓蜗鉴定法》，引起国际古生物学界强烈反响。这篇研究论文创立了世界古生物界一直沿用至今的蜓科鉴定的 10 条标准，既有定性概念，也有定量要求，极大提高了化石鉴定的准确性和科学性。1927 年，他的第一部科学专著《中国北部之蜓科》问世，开创了我国微体古生物研究的新纪元。在这部学术专著中，他根据不

蜓科化石切片

蜓科化石模型

李四光的论文《䗴蜗鉴定法》

《中国北部之䗴科》封面 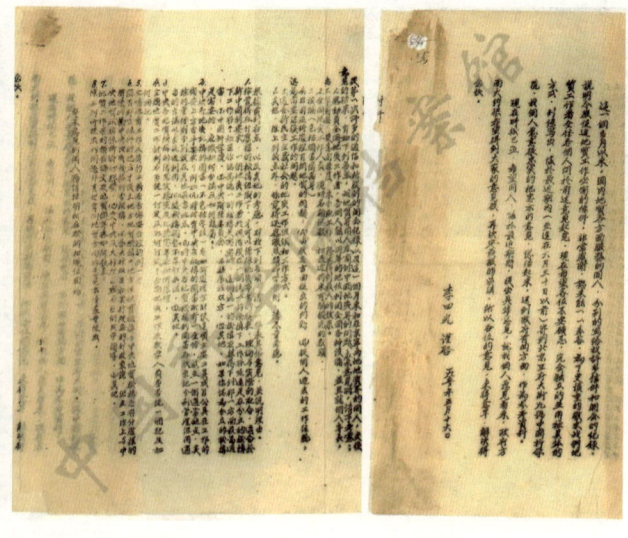　　征求意见信扫描件

同种属的"䗴科"化石，进行了科学论证，不仅平息了中国北部含煤地区多年争执不下的石炭纪—二叠纪地层划分问题，也推动了欧美乃至北半球相关地层的研究工作，为寻找煤炭资源提供了依据。此外，李四光通过这一研究，在石炭纪—二叠纪的海陆分布与变迁方面取得了新的认识，为研究海水进退规程和地壳运动规律提供了重要依据。

1950年，花甲之年的李四光冲破重重阻挠回到祖国（李四光因1948年代表中国地质学会到伦敦参加第十八届国际地质大会而滞留英国），很快受到周恩来总理的接见。周总理希望李四光把组织全国地质工作者为国家建设服务的责任担负起来。看到百废待兴的新中国百业待举，李四光迅速草拟了一封关于如何组织全国地质工作的征求意见信，当时全国的地质工作者仅有两百多人，为征求意见，李四光给他们每一位都发了信。此信于五月中旬发出，到六七月份，陆续征得295人对于改进地质工作的意见。李四光综合考虑，并同有关方面联系，提出了建立"一会、二所、一局"的方案。（一会：中国地质工作计划调配委员会；二所：中国科学院地质研究所和古生物研究所；一局：中央财政经济委员会矿产地质勘探局。）这个意见，经中央财政经济委员会和中央文化教育委员会联名报告周恩来总理，并经政务院第47次政务会议通过。通过时将"中国地质工作计划调配委员会"改为"中国地质工

1952年，周恩来总理与李四光亲切交谈

李四光与何长工为北京地质学院选址现场

作计划指导委员会"，任命李四光为主任委员，尹赞勋、谢家荣为副主任委员，委员21人，章鸿钊为顾问。1950年11月1日，中国地质工作计划指导委员会在北京召开扩大会议，这是全国地质工作实行统一领导之后召开的第一次重要会议，也是地质界大团结的会议。

1952年，为了适应国家建设的需要，全国开始进行院系调整工作。经高教部和地质工作计划指导委员会共同商议，在北京大学、清华大学地质系及有关院系的基础上，合并组建了北京地质学院（中国地质大学前身），这也是新中国第一所专业性地质高等学府，李四光亲自兼任北京地质学院筹备委员会主任。在东北各有关院系的基础上，加上原中央研究院部分地质工作人员，扩大建立了长春地质学院。随后，又在南京大学、重庆大学等6所大学地质系中增设了专科班，还筹办了9所中等地质技术学校，设有钻探、化验、测绘等专业。所有这些，都是为全面开展地质勘探工作培训技术干部做准备的。当时流传的《勘探队之歌》，生动地描绘了地质工作者的工作、生活和情怀。

新中国成立初期，由于我国矿产资源"家底"不清，国家经济建设处于"等米下锅"的状态。

查清我国矿产资源的"家底"，是国民经济恢复和建设的先决条件。随着国家经济建设大规模地开展，急需矿产资源的保障，地

1951年10月李四光（二排左二）与北京大学地质系学生合影

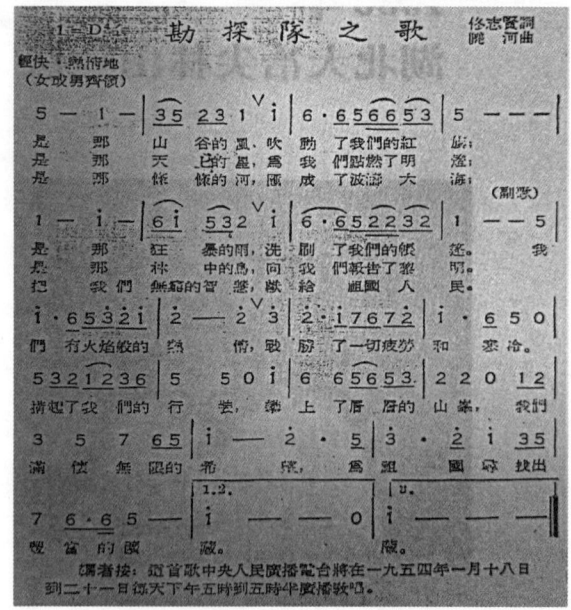

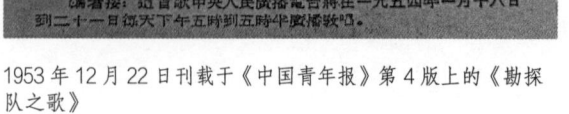

1953年12月22日刊载于《中国青年报》第4版上的《勘探队之歌》　　李四光在地质部留影

质工作需要先行的任务越来越重,地质工作计划指导委员会的组织形式已经不能适应形势需要。1952年8月7日,中央人民政府委员会第17次会议通过决议,撤销中国地质工作计划指导委员会,成立"中央人民政府地质部"(后更名为"中华人民共和国地质部"),李四光被任命为部长。

自1953年起,我国开始执行发展国民经济的第一个五年计划。国家也逐年给地质部门调配了大批干部,加上各院校培养输送的专业人员和经过培训的工人,到第一个五年计划末,全国地质队伍已发展到20多万人。其中,受过高等教育的地质工作者为新中国成立前的60倍。新中国成立前全国仅对18种矿产做过调查,而且未探明储量,到1956年地质部实际探明的30多种矿产的储量,连同其他部门探明的储量,不仅解决了鞍钢、包钢、武钢等重要钢铁基地"一五"期间急需的矿产原料,而且保证了"二五"期间企业对矿产原料的新一轮需求。地质工作取得的成就是巨大的。

经济建设需要石油,但那时全国所需石油的大部分都靠进口,石油成了经济建设的瓶颈。毛泽东、周恩来等中央领导人把李四光请到中南海咨询他对中国石油资源的看法。

根据对中国地质条件的长期研究，李四光陈述了他不同意"中国贫油"论调的理由，深信在我国辽阔的领域内，天然石油资源的蕴藏量应当是丰富的，关键是要抓紧做地质勘探工作。

根据他的建议，党和国家领导人做出重要决策，一场大规模的石油普查工作随即在东北平原、华北平原展开，李四光亲自主持。1956年发现大庆油田后，李四光更加强调构造体系对油区的控制，及时对全国石油地质工作提出新的战略部署，他指挥石油队伍南下，沿新华夏系沉降带向华北、江汉和北部湾推进，相继发现了胜利、大港和江汉等油田，中国石油资源匮乏的问题有了明显改善。随后，柴达木石油调查队发现了冷湖油田，在塔里木盆地寻找古生代油田和"向浅海进军"，皆取得重大突破。

李四光在全国地质普查会议上的总结报告

在地质学理论和方法研究方面，李四光是我国地质力学学科的奠基人，也是我国现代地应力测量的创始人。他倾注大量精力研究地壳构造和地壳运动问题，将力学原理和方法运用到地质学研究中，创建了地质力学。他认为，地球上的各种构造现象都是地壳运动的产物。地壳在运动中必然有一种力在起作用，这种力一般被称为地应力。岩石在地应力的作用下就会产生形变，留下波浪起伏的褶皱、纵横交错的断裂等各种构造形迹。那么，反过来，依据构造形迹的力学特征，就可以追索力的作用方式，进而探索地壳运动的方向和起源。这种严密的逻辑方法，李四光称之为"反其道而行之"。这套方法，克服了传统构造地质学那种孤立描述构造形态的偏向，发展了地质科学的认识论和方法论。

1954年2月，李四光应邀到石油管理总局做了题为《从大地构造看我国石油勘探的远景》的报告，这一报告是当时对中国石油远景所做的最全面预测报告之一，成为石油普查战略选取的重要依据，也对"中国贫油论"的观点进行了有力驳斥

地质力学是用力学的原理来研究地质构造和地壳运动规律的学科。其内容涉及构造地质、地球物理、固体力学和天文地质等多个方面，是一门具有多边联系的边缘学科。20世纪20年代，李四光在研究石炭—二叠纪地层时，发现这些地层的沉

《地球表面形象变迁之主因》文稿，李四光根据大陆上大规模构造运动的方向，推论了它们起源于地球自转速度的变化，提出了"大陆车阀"自动控制地球自转速度的作用

积物存在着南北的明显差异。经过对地球上其他地区海侵海退现象的初步比较，特别是对古生代以后大陆上海水进退规程的初步探索，李四光得出一种假说：大陆上海水的进退是具有全球性的，有可能由赤道向两极和由两极向赤道的方向性地运动。这可能是由于地球自转速度在漫长的地质时代中反复发生了时快时慢的变化所引起，因此也必然会在大陆上留下受构造运动影响的痕迹。而这便是地质力学研究的开端。

地质力学的研究工作发展到系统化的程度，并被当作一门地质科学的边缘学科看待，完全是新中国成立以后的事情。

1947年，《地质力学之基础与方法》由中华书局出版发行，这是李四光第一次总结地质力学这门学科。该书系统地讲述了地质力学的基础与方法，对建立地质力学这门学科具有重要意义。1956年，李四光组建地质力学研究室（后更名为"地质力学研究所"），开展地质力学的研究。地质力学研究室从建立开始，就负有双重使命。一是急国家之所需，开展实际的地质调查、地质勘测工作，为国民经济建设服务；二是为祖国的科学事业，为地球科学的发展，探索创新。

李四光在野外进行地质考察

1959年11月,李四光与苏联专家在北京西郊隆恩寺考察第四纪冰川遗迹

李四光的专著《地质力学之基础与方法》

20世纪60年代初,在长期地质实践和实验研究基础上,李四光在《地质力学概论》一书中,全面系统总结了理论研究、地质实践和其独特的地质力学方法,建立了地质力学理论体系和研究地质构造的方法与程序。这是李四光四十年实践经验的总结,是他在地质力学方面的代表作,也是地质力学研究史中的一个里程碑。地质力学作为一门交叉学科的提出,为地质工作、地球科学研究、地质找矿、自然灾害防治等开辟了新途径。李四光运用地质力学理论指导了全国地质普查的战略选区工作,为国家寻找紧缺重要矿产资源和重大工程建设选址发挥了重要作用。一代代地质工作者紧密结合国民经济建设的需求,地质力学的基础理论研究及应用研究在实践中得到不断发展。

1965年,李四光被确诊为左髂骨总动脉瘤。从发现动脉瘤之后,李四光总感到自己时日不多,更加抓紧进行未了的工作。1966年,河北邢台隆尧县发生6.8级强烈地震,引起党中央、国务院和全国人民的极大关注。已近80岁高龄的李四光非常心痛,生病住院的他不顾医生劝阻,执意深入地震灾区进行考察和研究。李四光当即组织了一个地震地质考察队,带领团队连夜赶赴震区,根据震区的地质构造特征,观测地应力变化,查明地震发生的原因和范围,推测地震可能扩展的趋势,探索地震预报的方法。那些天,李四光几乎天天守候在办公室里,他把每天的地应力变化绘制成曲线图,仔细分析研究,监视震情的演变。在邢台地震现场预报实践中,李四光带领研制出多种地应力测量仪器及一系列配套设备,中国的地震工作步入了一个崭新的阶段,邢台地震也成为中国地震工作史上一个重要的里程碑。为了指导全国地震工作,李四光多次跋山涉水,深入房山、延庆、密云、三河等地区调查地

为了培养全国地质力学研究人才，1962年到1966年间共举办了三期地质力学进修班，学员达153人，李四光亲自为学员授课。进修班的学员毕业后，多成为各单位生产、教学、科研的骨干。另外，为普及地质力学知识，在全国各地还举办了40多期短期地质力学学习班。图为1965年李四光在地质力学所作"地质力学发展过程和当前任务"报告

李四光所著的《地质力学方法》与《地质力学概论》

地应力测量探头与李四光手稿

震地质现象。直到他逝世的前一天，他还恳切地向医生表达希望能继续开展地震研究工作的意愿。他和医生说："请你坦率告诉我，我究竟还有多少时间，让我好好安排一下工作。"李四光深知地震给人民群众造成的灾难状况，不断加强以地应力为中心的综合观测和研究，他开创的地应力测量也成为中国地震地质研究的重要组成部分。临终之前，李四光最后的遗憾是："只要再给我半年时间，地震预报的探索工作，就会看到结果的……"

李四光因过度劳累体质每况愈下，却还是以巨大的热情和精力投入到工作中。晚年他常常挂在心上的还有地下热能的开发和利用。1970年，李四光得知天津打出地热水后，不顾81岁高龄，拖着病弱的身躯，亲赴天津考察，并作出具体指示，促使后来天津开展了一场地热大会战。从天津考察回来，他对女儿李林说："要是把地热充分利用起来，我们可以节省多少燃料，可以给人民造很大的福啊！"在他看来，地下热能的开发和利用就像人类发现煤炭、石油可作为燃料一样重要。地热是可供人类利用的一种新能源，也是地质工作的一个新领域。

1971年，这位新中国地质事业的主要奠基人、卓越的地质学家与世长辞。直到临终，他还念念不忘地学事业发展、国家建设和人民的安危。李四光逝世以后，人们在他枕头下面的笔记本里发现了一张纸条，上面写着："在我们这样一个伟大的

1966年，李四光在河北隆尧县地应力观测站听取工作汇报

李四光计算地应力值的草稿

社会主义国家里，我们中国人民有志气，有力量，克服一切科学技术的困难，去打开这个无比庞大的热库，让它们为人民所利用。"卓越的成就和对人民对国家最真挚的爱使得李四光被誉为新中国爱国知识分子的典范。2009年李四光被评为"100位新中国成立以来感动中国人物"。在他120周年诞辰之际，一颗编号为137039的小行星，被正式命名为"李四光星"。英国伯明翰大学还专门设立了"李四光奖学金"，该奖项自2011年开始，只颁发给来伯明翰大学攻读博士的中国留学生。

李四光毕生研究地球科学，为中国地质事业鞠躬尽瘁。在长达半个世纪的地质工作中，他不断创新，以坚韧不拔的事业态度和严谨求实的治学作风，报效祖国、服务人民，在追求真理的道路上未曾停歇，他为了真理与国家奔走一生、辛劳一生、奉献一生。李四光曾经说过：

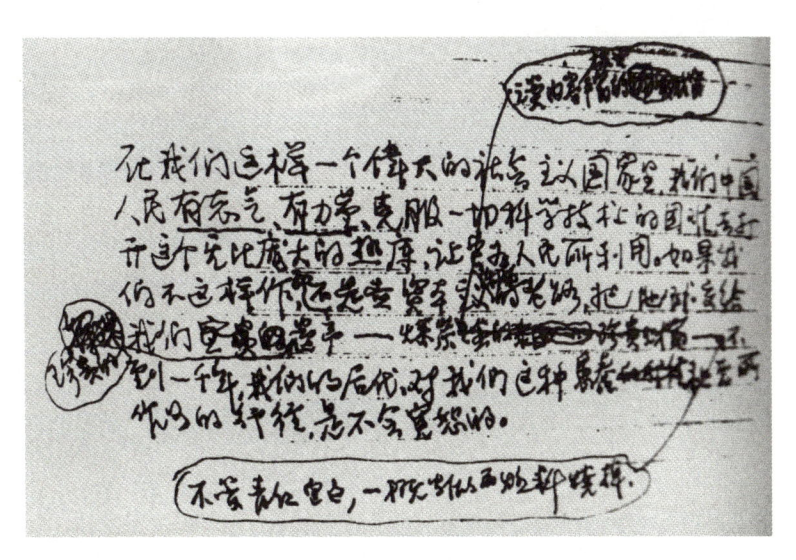

李四光逝世后，人们在他枕头下面的笔记本里发现的小纸条

李四光工作照

"一个科学技术工作者，如果他抱定了为社会主义祖国的富强，为人类幸福前途服务的崇高目的，在工作过程中，不断攻破自然秘密，发现新世界，创造新东西，去开辟人类浩荡无际、光明灿烂的前景，那么他的生活就会多么丰满、愉快、生动和活泼。"这是李四光的人生哲学，也是他一生的写照。李四光把一生献给了科学，献给了祖国，献给了人民。他的拼搏一生既是一代代地质工作者爱国、报国、强国坚定与决心的缩影，更象征着一代代中华儿女为民族复兴奋斗的使命、光荣与担当，薪火相传，生生不息。

参考资料：

[1] 陈群. 李四光与新中国地质事业的开创和发展 [J]. 党的文献, 2019.

[2] 胡晓菁. 李四光与地质力学的兴起之初探 [D]. 北京：中国科学院研究生院（自然科学史研究所）, 2006.

[3] 邹宗平, 赵曼. 李四光科学精神初探：中国地质学会事略 [J]. 地质学报, 2022.

[4] 钱伟长, 孙鸿烈. 20 世纪中国知名科学家学术成就概览：地学卷：地质学分册 [M]. 北京：科学出版社, 2013.

[5] 地质老照片编委会. 地质老照片 [M]. 北京：地质出版社, 2004.

[6] 邹宗平. 努力向学 蔚为国用：我的外公李四光 [N]. 光明日报, 2021.

[7] 中国地质调查局. 中国地质调查院士传记 [M]. 北京：地质出版社, 2016.

（图片来源：李四光纪念馆、中国科学院地质与地球物理研究所、《地质老照片》）

知识链接

【"海相"与"陆相"】

相，指的是环境。"陆相"指大陆环境，"海相"指大海环境。陆相沉积指陆地上的湖泊、河流环境中形成的沉积物；海相沉积指在海洋环境下形成的沉积物，是经海洋动力过程产生的一系列沉积，包括来自陆上的碎屑物、海洋生物骨骼和残骸、火山灰等，具有海洋环境的一系列岩性特征和生物特征。陆相地层就是在陆地环境下形成的沉积地层；海相地层就是由海相沉积形成的地层。

【地应力测量与实时监测】

地应力测量与实时监测是揭示地壳岩石现今受力状态、探索地壳活动的重要方法。目前广泛应用于能源资源勘查开采、地质灾害评估、地壳稳定性评价等，通过长期的地应力实时监测与数据积累，可以为地震预测预报的分析研究提供科学依据。

大地
之子

中国地质学家
的科学精神

中国古脊椎动物学开创者——杨钟健

简介：

杨钟健（1897—1979），陕西渭南人，古生物学家，地质学家，中国古脊椎动物学的开拓者和奠基人。1923年毕业于北京大学地质系，1927年获德国慕尼黑大学博士学位。1929年任地质调查所新生代研究室副主任，1940年任地质调查所脊椎动物化石研究室主任，1948年当选为中央研究院院士，1949—1953年任中国科学院编译局局长，1953—1979年任中国科学院古脊椎动物与古人类研究所所长，1959—1979任北京自然博物馆馆长。曾任北京大学、北京师范大学、西南联合大学、重庆大学教授及西北大学校长。1955年当选为中国科学院学部委员（院士），并历任第一至五届全国人大代表。

他在中国创立了古脊椎动物学学科，发现了以许氏禄丰龙为代表的爬行动物群，证明过去一直认为是第三纪的红砂岩中有很大一部分应该是中生代地层，其发表的《许氏禄丰龙》是中国学者研究恐龙的第一部专著。他开创了中国爬行动物研究，更推动了晚新生代陆相地层研究。

箴言：

大丈夫只能前行。

杨钟健（1897—1979）

中年时期的杨钟健

1922年，就读于北京大学的杨钟健参加野外测量实习

中国是世界上最早认识古脊椎动物的国家，我国古代文献对其记述较多，不过很长的时间里，除了鱼类化石，其他的古脊椎动物的化石都被称作"龙骨"。古脊椎动物学在中国的发展，始于19世纪70年代，而中国人自己开始古脊椎动物学相关研究，则起始于杨钟健。

杨钟健1897年出生于当时陕西华县的龙潭堡，1917年从陕西省立西安第三中学毕业后，考入北京大学。在求学期间，杨钟健成立共进社，并创办《共进》杂志，宣扬先进思想。他编写的《秦劫痛话》等文章揭露当时军阀暴政的黑暗和人民的苦难。

1919年，五四运动爆发，杨钟健加入了邓中夏等发起成立的北京大学平民教育演讲团，在校园发表演说、发放传单，宣传民主思想与科学精神。1923年，杨钟健从北大地质系毕业。古生物学是地质学的边缘学科，但在鉴定和对比地层以及阐述动物演化上都有着重要意义，考虑到我国当时尚缺古脊椎研究的相关人才，于是在老师李四光的建议下，杨钟健于次年前往德国慕尼黑大学，学习古脊椎动物学。

很长一段时期，中国的古脊椎化石基本是外国人在收集、采集与研究，外国传教士或学者通过中药铺收买中国"龙骨"。更有甚者，会组织大规模的考察团，直接在我国境内采集古脊椎动物化石。那时所采的标本，大部分被运往国外，中国人自己不能参与研究，研究结果大多在国外刊物发表。

1927年，杨钟健完成了博士论文《中国北部之啮齿动物化石》，这部著作的发表，标志着古脊椎动物学研究在中国开始了。也是这一年，地质调查所的李捷主导的周口店"北京人"系统发掘工作开始了，这是中国人首次领

杨钟健的博士论文《中国北部之啮齿动物化石》封面

1925年，杨钟健（前排中）留学德国期间与中国同学合影

导的大规模古脊椎动物系统发掘。

杨钟健学成归国前，有外国朋友劝他留下，说是国外生活舒适，有利于专业发展，中国太落后。对此，杨钟健说："中国穷是事实，落后也是事实，但那是我的祖国，绝不能抛弃，如同儿子不能抛弃母亲一样。"

1928年，博士毕业的杨钟健学成归国，应翁文灏之邀进入地质调查所工作。看到满目疮痍的祖国，他写道：

天生我辈必有用，忍看神州半沉沦。指锥虽愧雕虫技，救亡亦存报效心。

1929年，新生代研究室建立，杨钟健担任副主任，并开始主持周口店"北京人"遗址发掘工作。此后二十年中，古脊椎动物学开始在中国生根，并逐步发展，取得了较大的进展，我国成为当时世界上古脊椎动物学与古人类学研究的一个重要中心。同年12月，周口店北京猿人第一颗完整的头盖骨被发现（裴文中发现），一改以往对人类演化历史的认识。除此之外，周口店还发现大批哺乳动物化石、石器、骨器及用火遗迹，这些化石绝大部分都是杨钟健、裴文中等人研究的。当时的古脊椎动物研究工作，围绕着人类的起源及其文化与古环境条件的时代背景，主要着重于新生代晚期的哺

1929年，发掘周口店遗址场景

1928年，杨钟健（左四）与共同开创周口店事业的诸位先贤合影

乳动物与人类化石有关的生物地层方面。杨钟健前后对周口店"北京人"遗址哺乳动物化石的研究，极大丰富了我国中更新世哺乳动物群的组成。

20世纪30年代，随着地质调查所迁往西南，我国西南诸省中、新生代地层及有关爬行动物的研究也陆续展开。杨钟健的研究工作也开始聚焦于古爬行动物化石特别是恐龙研究领域中。他带领团队逐渐加强对爬行类动物（兽形类及恐龙）及较早陆相地层的研究工作，古脊椎动物研究的方向更趋全面。1931年，杨钟健发表了第一篇恐龙研究论文，记述了采自内蒙古的奥氏鹦鹉嘴龙。

1936年，杨钟健在协和医院娄公楼新生代研究室研究荣县峨眉龙肱骨化石

"九一八"事变后，冀东局势日渐严峻。1935年，地质调查所从北平兵马司9号迁往南京，留下一部分人员和设备，组建地质调查所北平分所，杨钟健于1936年任分所所长。1937年"七七事变"爆发，日本人"邀请"杨钟健前往日本讲学，杨钟健不愿为敌伪服务，不得不前往大后方。他一路颠簸，辗转到达昆明。在云南禄丰的科学考察中，杨钟健团队发现了许多古脊椎动物化石，

1937年4月，杨钟健在协和医院娄公楼工作

围绕禄丰动物群化石的发掘和研究工作逐渐开始，杨钟健带领团队做出大量科研成果，成为我国恐龙研究的最早期组织者，开创了中国爬行动物研究。

辗转到达后方的杨钟健，为了躲避日军轰炸，把研究室搬到一座破庙里。"起接屋顶漏雨水，坐当脚底空穴风"，就是当时环境的真实写照。他鼓励大家保持信心，要向前看，这样个人命运、学术研究、国家前途就都会有希望。如此环境下，杨钟健带领团队发现了许氏禄丰龙（属名"禄丰"取自化石的发现地禄丰县，种名"许氏"是为了纪念杨钟健在德国求学时的老师——古生物学家弗雷德里克·冯·许耐），这既是中国人独立寻找、挖掘、修复并研究的第一具恐龙化石标本，也是战火纷飞中所作出的举世瞩目的科研成就，使我们的民族自信心获得了极大的鼓舞和提升，

是民族危亡之际民族文化和科学精神薪火相传的极佳体现。

1939年,在中国地质学会昆明分会第三次论文会上,杨钟健发表了《禄丰恐龙之初步观察》一文,向世界报告了禄丰的重大发现。随后,杨钟健又发表《禄丰蜥脚类恐龙的初步研究报告》,在国际古脊椎动物学界引起极大的反响,奠定了中国恐龙研究的基础范式。1941年,杨钟健撰写的《许氏禄丰龙》一文发表在《中国古生物志新丙种第七号》,这是中国人研究恐龙的第一本科学专著。杨钟健的相关研究活动使禄丰动物群成为世界上研究早期恐龙和哺乳类的一个经典和标准的化石地点。在云南禄丰动物群的发掘采集工作中,杨钟健培养了一批恐龙化石采集和修理技术人员,为我国古脊椎动物的研究培养了人才,奠定了坚实的基础。

20世纪20至40年代的工作,为我国古脊椎动物学的发展奠定了初步基础。1949年新中国成立,我国古脊椎动物学事业迎来大发展。停顿了近十年的周口店北京猿人遗址的发掘工作随即恢复了。同年,我国在山东莱阳进行了恐龙化石的发掘工作,发现并采集研究了以棘鼻青岛龙为代表的大量保存完好的恐龙骨骼和恐龙蛋化石。

1953年,古脊椎动物学在我国正式作为一门独立的学科。在杨钟健等科学家的推动下,这一年,中国科学院设立了古脊椎动物研究室。古脊椎动物研究室作为中国科学院直属的一个独立机构,下设古鱼类组、古爬行组、古哺乳组和古人类组,我国古脊椎动物研究开始有计划地全面发展。

根据中国古脊椎动物学科的实践,杨钟健提出"两种堆积""四个起源"的研究战略。"两种堆积"是指我国北方广泛分布的土状堆积——"黄土",以及南方广泛分布的中生代、新生代堆

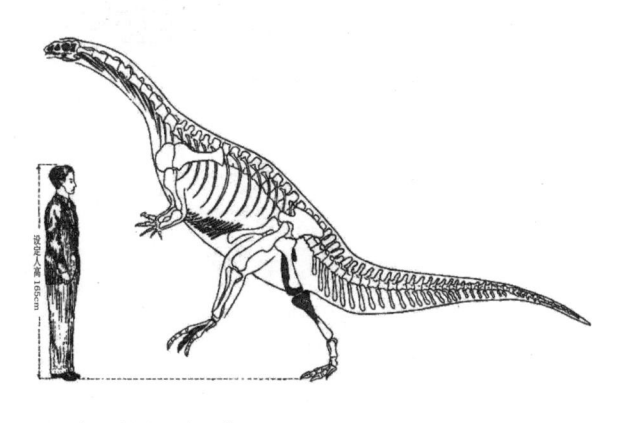

1940年绘制的禄丰龙复原图

杨钟健使用过的野外勘探物品

杨钟健（右）指导董枝明研究恐龙化石

1965年，杨钟健与学生刘东生在斋堂作地质考察

积——"红层"；"四个起源"是指鱼形动物、陆地脊椎动物、哺乳动物、灵长类和人类的起源。按这一战略古脊椎动物与古人类研究室，培养出了以研究第四纪黄土著称的中科院院士刘东生、古鱼类学家刘宪亭和古爬行动物学家孙艾玲等一批杰出地质学家和古生物学家。

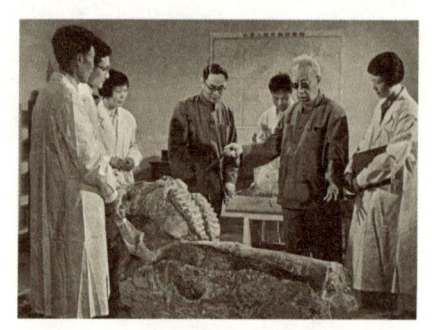

1974年，杨钟健（右二）与同事们一起研究黄河象

1957年，古脊椎动物研究室改名为中国科学院古脊椎动物研究所，1960年，改名为中国科学院古脊椎动物与古人类研究所，杨钟健一直任所长，直至去世。从1953年古脊椎动物研究室的成立开始，中国有了古脊椎动物学方面的专业研究机构。1957年创刊的《古脊椎动物学报》是当时世界上唯一的古脊椎动物方面的专门学术期刊。这一时期，随着国家地质普查和勘探，古脊椎动物学迅速发展。到60年代中期，中国科学院古脊椎动物与古人类研究所已成为世界上最大的一个古脊椎动物研究机构和重要的研究中心。

在新中国成立后的二十多年里，杨钟健先后组织进行了多次大规模的野外考察和发掘。他的研究范围也逐步扩大到华北的新生代地质和哺乳动物方面，后又扩展到鱼类、两栖类和爬行类，发现了多个重要的侏罗纪、白垩纪恐龙化石层位和恐龙动物群，相继完成了山东莱阳恐龙化石、合川马门溪龙等著作及论文。

为推动中国古脊椎动物事业的发展，杨钟健亲赴野外考察，足迹遍及全国20

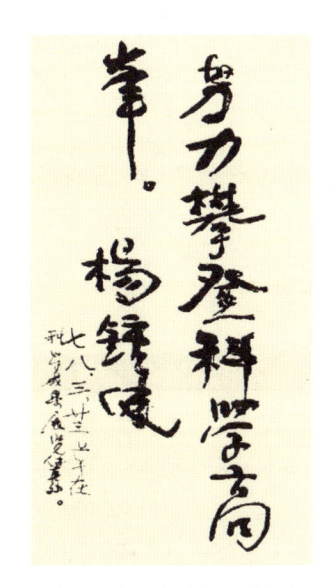

杨钟健手书"努力攀登科学高峰"

多个省、自治区、直辖市以及亚洲、欧洲、北美洲和非洲的许多国家，发表论文500余篇。在80岁高龄时杨钟健写下《八十不老》：

> 年近八旬心尚丹，欲和同辈努登攀。应知世上无难事，记骨而今仍依然。

表达了用毕生献给祖国、献给科学事业的胸怀。

"大丈夫只能前行"是杨钟健一生的座右铭。1978年，年过八旬的他，远赴广东三水调查鱼类化石地层。为了获得更翔实的数据，同年9月，杨钟健完成了一生中最后一次地质考察，到庐山参加第四纪冰川与第四纪地质学术讨论会并到野外考察。1979年元旦杨钟健因病入院，1月15日在北京逝世。

现如今，我国在古脊椎动物学众多门类的研究，经几代人的不懈努力，已迈入世界研究前沿，在国际上具有举足轻重的地位。中国成为世界恐龙研究的中心区域之一，并推动了国际学术界对脊椎动物起源与早期演化的探索。伴随着我国综合国力的不断增强，古脊椎动物学这个冷门学科也逐渐被世人所关注，更发挥较强的科普作用，引导青少年群体关注自然科学、领略科学魅力，为培育未来的科学栋梁做出重要贡献。

1978年，杨钟健在庐山冰川会议后对冰川遗迹进行考察

作为世界六大古生物学家之一，杨钟健的这张照片与达尔文、欧文等著名学者的肖像一起悬挂在英国自然历史博物馆内

回顾杨钟健的一生，其研究领域几乎涵盖了从鱼到人的全部古脊椎动物学，他从未停止科研考察的脚步，不仅对古脊椎动物学领域的研究做出开拓性贡献，在科普工作方面也竭尽所能。他不仅参与北京自然博物馆的筹建工作，还从1959年北京自然博物馆成立起一直担任馆长职务，将科学研究成果向公众传播普及。他用双脚丈量祖国的山山水水，用生命撰写了祖国古脊椎动物事业发展的篇章，是我国地学和自然科学初创阶段的重要推动者。他把毕生的心血都奉献给了祖国的地质科研事业，杰出的科学成就使他在国内外享有盛誉，成为我国古脊椎动物学领域里的一座丰碑。

参考资料：

[1] 洪蔚. 杨钟健院士：不朽的丰碑 [N]. 科学时报, 2009.

[2] 甄朔南. 古脊椎动物学在中国的发展 [J]. 中国科技史料, 1981.

[3] 董枝明. "龙的传人"杨钟健与中国的古脊椎动物学研究 [J]. 化石, 2009.

[4] 周明镇. 中国的古脊椎动物学研究 (1949—1979)[J]. 古脊椎动物与古人类, 1979.

[5] 焦郑珊. 他的画像与达尔文并列悬挂 [N]. 中国青年报, 2022.

[6] 周忠和, 王元青. 快速发展中的中国古脊椎动物学 [N]. 科学时报, 2010.

[7] 张尔平. 抗战遗迹：兵马司9号 [N]. 中国国土资源报, 2015.

（图片来源：杨钟健家属、中国科学院古脊椎动物与古人类研究所）

知识链接

【许氏禄丰龙】

禄丰位于昆明西北约100千米处。1938年卞美年、王存义等在这里进行野外工作，在一处小沟里，王存义找到了骨化石，继而发现了一条较完整的恐龙，这就是后来第一次在中国组装成的恐龙骨架。杨钟健将其命名为许氏禄丰龙，并进行了较为系统的研究，使禄丰成为世界级的恐龙化石产地。为了纪念许氏禄丰龙这一历史性的成果，1958年我国发行了纪念禄丰龙发现20周年的纪念邮票，这是中国首个登上邮票的恐龙。

【周口店"北京猿人"】

周口店"北京猿人"及其文化遗物、遗迹的发现和研究，解决了19世纪末"爪哇人"发现以来，直立人究竟是猿还是人的长期争论，确立了直立人阶段在人类发展中的地位，是人类起源研究的一个突破性贡献。周口店遗址自发掘以来，先后发现了不同时期的各类化石和文化遗物，出土的古人类化石涵盖了人类演化史上的三个阶段——直立人、早期智人和晚期智人，构成连续的古人类演化序列，具有重要的科研价值。

【抗日战争时期的科学资产保护】

新生代研究室由外国基金会资助，名义上隶属协和医学院，仍留在北平，当时协和医学院娄公楼106、108号是其办公地。日本人多次提出接收兵马司9号（地质调查所）和丰盛胡同3号（地质矿产陈列馆），为了不被日军占据，学者们在其门口挂上"北平协和医学院新生代研究室"的牌子，以有他国投资为由阻拦日军。70多岁的古生物学家葛利普躺在大门口，以外国人身份阻止日军进入。裴文中等中国学者上午到地质调查所上班，下午在协和医学院办公，以此保护科学资料与地质标本。在抗日战争中，科学家们为保护国家科学资产而战，用坚守书写了地质工作者的责任与担当。

大地
之子

中国地质学家
黄汲清科学精神

中国煤地质学先驱——谢家荣

简介：

谢家荣（1898—1966），上海人，地质学家、矿床学家、经济地质学家、地质教育家，我国现代矿产勘查事业的先驱和开拓者。1916年毕业于农商部地质研究所，是我国自己培养的第一批地质学家之一。1920年获威斯康星大学理学硕士学位。曾任教于中央大学、中山大学、北京大学、清华大学、北京师范大学，并创办了南京矿专。担任中国地质工作计划指导委员会副主任、地质部总工程师、地质部普查委员会常委、石油工业部顾问。1955年，当选为中国科学院学部委员（院士）。

他是我国矿床学的主要奠基人，在中国最早提出地质理论找矿，发现和指导发现了淮南煤田、福建漳浦铝土矿、安徽凤台磷矿、南京栖霞山铅锌银矿、甘肃白银厂铜矿等重要矿床，并主持了对江华锡矿的开发，为第一、第二个五年计划的完成做出了贡献。

箴言：

我们地质工作者目前负有双重责任，不但要尽自己全力为探寻祖国富源而工作，而且还要把自己的本领教给更多的人，让更多的人能做这种工作。

谢家荣（1898—1966）

煤地质学是以煤的形成、组成、煤系伴生矿产、煤层瓦斯和煤层气为主要研究内容的地质学分支,通过应用地质学理论与方法研究煤层、含煤地层、煤盆地以及与煤共生的其他矿产的物质组成、成因、物理和化学性质及其空间展布规律。

18世纪后半叶,工业革命中伴随蒸汽机的广泛应用对煤炭资源的需求快速增长。为了寻找新的煤炭资源,欧洲一些国家相继成立了地质调查机构进行找煤、找矿地质工作,同期逐渐发展和形成了专门的地质学科——煤地质学。19世纪末至20世纪初,电力、冶金和钢铁等工业飞速发展,提升了对煤炭资源的需求,世界各国相继开展了大规模对煤田的地质调查与研究。

我国运用现代地质理论与方法研究煤田地质始于20世纪初,但是系统开展煤地质研究、进行全国范围内的煤炭资源评价工作是在新中国成立之后。谢家荣在中国煤地质学研究上做出了重要贡献。

谢家荣,1898年出生于上海,1913年入学工商部地质研究所。学生时代的谢家荣,因家境困难,在紧张学习之余,经常做刻蜡版之类的工作挣伙食费。他不仅学习成绩优秀,还在学术期刊上发表论文,1916年毕业即被任命为中国地质调查所调查员,参加北京西山地质调查。第二年,因为工作成绩突出,他被派出国留学。1920年,谢家荣于美国威斯康星大学地质系毕业,获理学硕士学位。

谢家荣所著《北平西山地质志》

谢家荣在威斯康星大学研究生院就读时填写的学生注册表

煤地质的研究大致可分为:研究煤本身、研究煤层沉积、研究煤田地质。三者既有差异又相互关联。煤本身的研究偏重理论,但对于煤的加工和应用却有着重大影响;煤层和煤田的研究是开发煤矿业所必需的资料,当然其中也包括许多理论问题,如沉积的环境、湖沼的类型等。

在读书之时,谢家荣就跟随翁文灏赴江西德

谢家荣撰写的《江西丰城县煤矿报告书》与《广西贺县钟山间西湾煤田地质》

1923年，由谢家荣执笔的中国第一本煤地质学专著《煤》

化、丰城等地进行煤田地质调查，并发表了诸如《江西丰城县煤矿报告书》等考察报告。留美归来后的第一年除考察地震外，他还考察了甘肃地质，包括沿途的阿甘镇煤矿、南山一带煤矿等。1923年，商务印书馆出版了由谢家荣执笔的中国第一本煤地质学专著《煤》，系统论述了煤之沿革及性质，煤之成因与分类，采煤、选煤及炼焦，世界煤矿之储量、产额、运销等内容。

1928年，谢家荣作为访问学者赴欧进行地质研究，并开始尝试使用显微镜观察产自中国的煤。这不论是在科学上还是经济上都是一项基础性工作，但当时国内外都没有任何研究者接触过。他在国际煤岩学界首创了偏光显微镜研究方法，其研究成果是煤岩学自诞生以来的一次革命性的飞跃，震动了国际煤岩学界，赢得了广泛的国际声誉。

回国后，谢家荣任地质调查所燃料研究室主任，继续进行煤地质研究。八年间，他相继发表的《四川石炭之显微镜研究》《煤岩学研究之新方法》《北票煤之煤岩学初步研究》《国产煤之显微镜研究》《华煤中之植物组织及其在低智商之意义》《江苏铜山县贾汪煤田地质》《煤的抛光薄片——煤岩学之一新法》《中国无烟煤之显微镜研究》《江西乐平煤——中国煤之一新种》《中国乐平煤之研究》《长兴煤田

1927年2月9日，中国矿冶工程学会在兵马司9号成立（前排左六为谢家荣）

1936年，中国地质学会主办的《地质论评》于北平创刊，谢家荣担任编辑部主任，并为创刊号撰写创刊词。1952年，该刊与《中国地质学会志》合并为《地质学报》，1957年复刊。1961至1962年、1967至1978年曾两度停刊，1979年再次复刊至今

地质报告》《煤之成因与分类》《河北宛平王平村煤田报告》等论文，奠定了他在中国煤地质学、煤岩学研究的先驱、开拓者、奠基人的地位。

他在国内首次采用角质层分离技术，对煤的角质层、真菌、木质部等解剖结构进行分析，来研究四川的区域煤岩学，通过煤岩成分和角质层的特征差别，区分和对比煤层，无论是区域上的广泛性、方法上的先进性以及对角质层研究的深度，都在我国区域煤岩和煤质研究中占有十分重要的地位。他 1931 年研究西安煤矿煤层中赋存的菱铁矿结核及白云质煤核，是我国最早的煤层中煤核的研究。

抗日战争时期，谢家荣拒绝了日伪合作的要求，化装潜行至湖南，任江华矿务局总经理，全力投入矿产地质和矿业开发工作。其间，他组织了对西南地区金属、煤和石油的调查工作，主持了 70 多篇矿产地质报告的编写，绘制了不同比例尺的地质图件，为调查我国西南地区的地质和矿产资源做了开拓性工作。

谢家荣通过对地质理论的研究，推测发现了许多重要矿产，最为典型的是淮南八公山新煤田的发现。1945 年抗战结束后，淮南煤矿着力恢复生产，由于淮南煤田当年已有储量即将告罄，年产量远远不能满足南京、上海、杭州一带工业和民用的需求。谢家荣仔细研究了淮南的地质资料及地质图，特别注意到八公山东北坡一带寒武系、奥陶系石灰岩地层的出露，其地层产状很可能有煤系赋存。1946 年夏，谢家荣带团队前往淮南实

谢家荣所撰的《中国煤田分布及煤矿业》与《中国煤之显微结构初步报告》

贵阳西部煤田简报

谢家荣在 1923—1949 年间所做的工作笔记

谢家荣撰写的《淮南新煤田及大淮南盆地地质矿产》

淮南新煤田照片

地勘查，不仅找到了奥陶纪石灰岩层，还发现了石炭—二叠纪含𬖉锤虫石灰岩，由此决定实施钻探。不到两周的时间，即测得可开采新煤层厚达3.9米，八公山新煤田就此宣告发现，它是谢家荣地质找矿理论的实践应用典范。

八公山新煤田发现后，谢家荣继续综合分析新的地质勘探资料和采矿揭示的矿井地质资料，在此基础上，加以科学推理和论证，大胆推断"大淮南煤田"的赋存及发展的远景，并形成文字公之于众，以转而指导进一步的勘探和采矿实践。淮南煤田的新发现，解决了附近地区的冶金燃料供应不足的问题，对南方地区的工业发展意义非凡，尤其"对长江下游用煤之供给，补益甚大"。现在的淮南煤田仍旧是华东地区最重要的煤田，也是全国重要的煤炭生产基地。

中华人民共和国成立后，谢家荣先后发表了一系列有关煤的综合性、指导性的论著和建议，凭借对煤田地质的长期研究和对中国煤田地质勘探的丰富经验，发表了《煤地质的研究》《关于煤地质方面的一些重要知识》《勘探中国煤田的

谢家荣撰写的《勘探中国煤田的若干地质问题》

若干地质问题》《中国的煤田》《煤的成因类型及其意义》《关于煤田类型》《中国煤田类型及煤质变化问题》等文章，这些论著对国家经济建设急需的煤资源、寻找新的煤炭基地起了重要作用，为中国煤田事业的蓬勃发展做出了重要贡献。

谢家荣在地质科学领域里涉猎面甚广，是一位"全方位的地质学家"。他在煤岩学、煤地质学、石油地质学、矿相学、矿床学、经济地质学、岩芯钻探学、土壤学、地球物理学和地球化学等领域，都有过研究或应用，取得了令人瞩目的成就，并在许多方面都居于第一和开拓者的地位，是中国现代地质学领域当之无愧的拓荒者之一。他既是中国煤岩学研究的倡导者和重要煤田的发现者，又参与预测和指导大庆油田和华北油田的发现；他既是20世纪上半叶我国矿相学、矿床学和区域成矿学研究的领军人物，又是我国现代矿床地质勘查的主要开拓者和奠基人。这些均与他扎实的学术造诣、高瞻远瞩的远见卓识密不可分。而上述的重大贡献，又与他急国家之所急、坚定地质工作应为国家经济建设服务的一贯信念息息相关。

1962年12月31日，谢家荣写给同样从事地质工作的儿子的信。在信中，谢家荣对儿子提出的学术问题进行了肯定和指导，同时也建议他"可以提出来，作为讨论，但千万不要肯定，更不要太尖锐的批评人，以免使人家不高兴。"

参考资料：

[1] 张立生.谢家荣：现代中国地质科学的拓荒人——纪念中国地质学会成立100周年[J].地质学报,2022.

[2] 翟裕生.谢家荣先生对矿床学和矿产勘查工作的贡献[C]//张立生.丰功伟识永垂千秋：纪念谢家荣诞辰110周年.北京：地质出版社,2008.

[3] 柏固山.谢家荣发现八公山煤田的故事[J].科学之友(A版),2008.

[4] 钱伟长,孙鸿烈.20世纪中国知名科学家学术成就概览：地学卷：地质学分册[M].北京：科学出版社,2013.

[5] 宋党育,袁镭,白万备,等.煤地质学研究进展与前沿[J].煤田地质与勘探,2016.

[6] 关世桥.中国煤地质学发展历程及其影响因素分析[J].中国煤炭地质,2011.

[7] 白向飞.煤岩学发展简史及其应用[J].煤质技术,2017.

（图片来源：网络、中国地质图书馆、中国地质资料馆、中国科学家博物馆）

知识链接

【煤】

煤是植物堆积腐烂、凝固、变化而成的成层的水成岩。在它里面，有各种植物组织，也有矿物质，主要的化学成分是碳氢化合物。煤大概可以分为泥煤、褐煤、烟煤、无烟煤四大类，及烛煤、藻煤等所谓腐泥煤，烟煤又可分为长焰煤、肥煤、瓦斯煤、焦煤、瘦煤等五类。煤层常与灰白色、灰色或灰黑色的页岩、砂岩及黏土生在一块，有时也与石灰岩或砾岩生在一块。如果有海相石灰岩，这种煤田称为近海煤田，如果没有海相石灰岩，便叫远海煤田。

【煤核】

煤核是指煤中的一种矿化结核，通常由方解石或氧化硅和碳质物质组成，有时会有植物残体保存。其内部保存有植物器官（一种或多种、完整或破碎），有时也含有少量海生无脊椎动物化石，个别情况也可以完全是动物化石。单个煤核其大小不一，小的只有1厘米～2厘米，大的可达1米～2米。煤层中煤核数量较大时，常常影响煤矿生产。

煤核的成因说法很多，大体可以分为三类：
1. 与堆积上覆顶板的海相沉积有关。顶板软泥或岩石经地下水下渗，使泥炭中植物残体渗入碳酸盐等矿物质形成煤核；
2. 与泥炭堆积过程中的海水活动（包括海侵、潮汐和风暴）有关；
3. 植物埋藏在地下较深，菌解不彻底，经尤其是矿化水矿物质入渗、沉淀、充填而成。
总体而言，不同地区的煤核成因要具体分析，不同地区煤核的成因可能不同。

大地
之子

中国地质学家
的科学精神

中国矿物学和岩石学奠基人——何作霖

简介：

何作霖（1900—1967），河北蠡县人。中国近代矿物学、岩石学以及岩组学的先驱。1926年，毕业于北京大学地质系；1928年，入中央研究院地质研究所工作；1938年，赴奥地利因斯布鲁克大学留学。回国后投身于结晶学、矿物学和岩石学领域的研究。1946年，在山东大学筹建地矿系，任系主任、教授。1952年，调任中国科学院地质研究所任特级研究员和矿物学研究室主任。1955年，当选为中国科学院学部委员（院士）。

他对大冶闪长岩、房山花岗岩的研究，是我国现代岩石学和岩石构造学研究的发端。他晚年致力于实验岩组学的研究和双变法测定矿物折射率，为我国地质学开拓了新的领域。

箴言：

理论联系实际，科学指导生产。

何作霖（1900—1967）

《金石识别》中国最具史料价值的一部矿物学译著

1935年，何作霖（左二）参加在地质调查所图书馆举办的中国地质学会会议

1930年，何作霖在实验室工作

中年时期的何作霖

作为研究地壳物质成分的科学，矿物学是地质学的一个重要基础学科，是研究岩石、矿床和地球化学的基础。在中国矿物学的发展过程中，何作霖做出了重要贡献。他是中国矿物学和岩石学奠基人之一，我国稀土矿物和稀土矿床研究的开创者，光性矿物学和岩组学的开山人，结晶体构造学研究的先驱，也是世界第一架X射线岩组学照相机设计制造者。

中国的矿物学发展是从华蘅芳于1872年翻译外国文献《金石识别》开始的。到1949年的七十余年间，矿物学作为一门自然科学，在我国虽有所发展，但总的说来相当缓慢。1915年，地质研究所课程调整，矿物学与古生物学的分科被废除，原因在于国家内忧外患之际，地质矿产调查"以天然实利之开发为主"，矿物学及古生物学"愈涉高深，则离实用之途愈远，而设备之费亦愈巨，况学生无多，分之则愈有限"。另外，师资的缺乏和精密仪器设备与研究资料的匮乏，无法满足进一步研究的需要，也是重要原因。彼时的矿物学发展，举步维艰。

何作霖出身书香门第，1918年在保定育德中学毕业时，校长王国光对学生们说：一个国家要富国强兵，唯有开发地下资源才是根本办法。在这种思想影响下，何作霖投考了天津北洋大学采矿系。不久，"五四运动"爆发，北京大学工科并入北洋大学，何作霖随采矿系的大部分学生转入北京大学地质系，师从李四光、丁西林等著名学者。

大学毕业后的何作霖，随即在保定河北大学农学系任教，讲授测量学和地质学。1928年，北伐军开入冀南，河北大学受军阀褚玉璞操纵，全体教职员奋起反抗，学校停顿。何作霖便南下，到上海投奔李四光，入职地质研究所。1932年，何作霖晋升为研究员，并在北京大学地质系兼任讲师，开设光性矿物学课，由于缺乏中文教材，何作霖就自己写了一本。1935年，他编著出版了《光性矿物学》，翻开了我国光性矿物学研究的第一页。1937年，何作霖前往奥地利攻读岩组学，获得博士学位。

何作霖是中国最早的光性矿物学家，他对矿物学、岩石学的研究是创造性的。在没有指导的情况下，何作霖自己摸索出了国外的实验仪器使用方法。那时，进口一台四轴旋转台的价格非常昂贵，五轴旋转台更是贵得惊人。他独创的方法有力地促进和推广了旋转台在我国的使用，为我国矿物、岩石的科学鉴定和深入研究创造了重要条件。1946年，他设计制造了变温盒，解决了长期困扰岩矿工作者测折光率时矿物碎屑在浸油中的滚动问题，为20世纪40—70年代的中国研究者提供了一种测量矿物折光率的新方法。

在研究房山花岗闪长岩时，何作霖运用旋转台测量了岩石中黑云母解理的优选方位，绘制成岩组图解，并根据组构的型式解释了岩体原生流动构造的成因，即岩浆侵入地壳过程中流动的特

何作霖所著《光性矿物学》

1936年，何作霖撰写的《用弗氏旋转台研究矿物及岩石之方法》发表于《地质评论》

何作霖于1956年留影

何作霖所著的《结晶体构造学》是我国晶体结构研究的首部专著

1960年,何作霖撰写的《开展岩组学研究》发表于《科学通报》

1958年,何作霖于白云鄂博稀土矿的露天矿区前

征。这是我国地质学家运用岩组学方法研究地质学问题的首次尝试。与此同时,他还亲手研制X射线岩组学的仪器,发明了X射线岩石组构照相机。他晚年时,还指导学生开展岩石变形试验,深入研究矿物塑性变形机制,着重研究矿物优选定向的产生过程,为岩组学研究提供了实验依据。

1927年,地质学家丁道衡在内蒙古包头附近发现了白云鄂博铁矿,通过对铁矿石的初步研究感到此处铁矿石成分与一般铁矿石有所不同,便于1933年委托何作霖研究白云鄂博的矿石。何作霖详细研究了丁道衡采集的十几箱标本,磨制了岩石薄片,用当时仅有的仪器偏光显微镜详细观察研究,后进行光谱分析,又经过详细的矿物学、结晶学研究和物性测定,综合野外观察

1958年,何作霖(右四)与苏联专家合影

何作霖(右一)观察标本

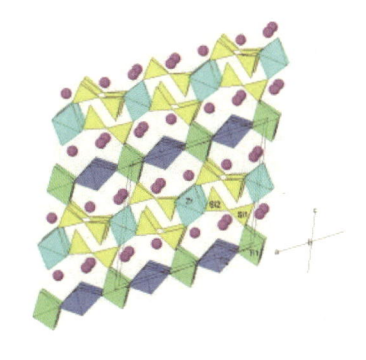

为纪念何作霖在矿物学研究领域做出的贡献，2010年国际矿物协会将产于我国辽宁凤城碱性岩体的稀土元素新矿物命名为"何作霖矿"（Hezuolinite）

和地质勘探资料，何作霖认为白云鄂博铁矿的稀土元素储量丰富，具有很好的远景。但当时有些人却认为这是无稽之谈，加上抗日战争动乱频繁，这件事也就搁置了下来。

1949年后，国家经济建设得到重视和发展，铁矿资源开发被重视起来。1958年，苏联援助我国进行经济建设，与中国科学院联合组成科考队，对白云鄂博矿的物质组成进行研究，何作霖是中方队长。他不顾自己年老体弱，和青年同志一道上山下沟，进行野外考察。经过多年的野外考察和研究，查明白云鄂博铁矿不仅是大型铁矿，更是一个巨型稀土矿，不光储量惊人，占世界稀土总量的80%，而且稀土矿物的种类繁多，高达150余种，堪称世界之最。我国

1949年，何作霖（后排左三）与山东大学地矿系学生在莱芜一带合影

成为名副其实的"稀土大国"。

中华人民共和国成立后，矿物学得到应有的重视，发展很快。20世纪50—60年代，何作霖、王德滋等出版了一系列偏光和反光光性矿物学著作和教材。许多学者对矿物的形态与形成环境之间的关系，开始进行深入研究。何作霖继《X射线组构分析》出版后，又于1964年出版了《X射线岩组学》。

20世纪60年代以后，物理学和化学学科中的一些全新理论被应用于矿物学研究，一系列新技术和手段的建立，促使古老的矿物学发生了全面深刻的变化，进入了可以从宏观到微观对矿物进行全面认识的现代矿物学阶段。而中国矿物学的发展，与何作霖等老一辈地质学家急国家之所需的爱国奉献是分不开的。

参考资料：

[1] 钱伟长,孙鸿烈.20世纪中国知名科学家学术成就概览：地学卷：地质学分册[M].北京：科学出版社,2013.

[2] 何永年.何作霖教授与我国岩组学研究的发展[J].岩石学报,1985.

[3] 陈光远.矿物学发展现状及我国今后矿物学发展方向[J].科学通报,1965.

[4] 何作霖：白云鄂博稀土之父[J].西部资源,2011.

[5] 王根元.中国矿物学史研究述评[J].地质科技情报,1983.

[6] 杨勤业,杨文衡.中国地学史[M].南宁：广西教育出版社,2015.

[7]《何作霖院士：中国稀土矿床之父》编委会.何作霖院士：中国稀土矿床之父[M].北京：地质出版社,2015.

[8] 任建新.缅怀杰出的岩石矿物学家地质教育家何作霖院士(纪念何作霖院士诞辰110周年)[C]//中国地质学会地质学史专业委员会,中国地质大学(北京)地质学史研究所.中国地质学会地质学史专业委员会第22届学术年会论文汇编,2010.

（图片来源：《何作霖院士：中国稀土矿床之父》、《中国矿业报》、中国科学院地质与地球物理研究所）

知识链接

【矿物学的早期发展历程】

19世纪中叶以前，人类对于矿物的认识尚处于萌芽阶段，此时人类只能够用肉眼对矿物进行外表特征鉴定，认识了一些矿物性质并加以利用，可称之为"描述矿物学"阶段。此后，偏光显微镜（19世纪中叶）、X射线（20世纪初）、物理化学和相平衡理论（20世纪30年代）被不断引入矿物学，每一次都引发了矿物学研究的深刻变革和巨大进步，这个阶段是以矿物内部微观现象和晶体结构研究为特征的。随着人类对自然需求的不断提高以及科学技术的进步，矿物学经历了从描述矿物学、晶体结构和微区研究，到以学科交叉为特征的现代矿物学几个阶段。

【北洋大学】

1895年，盛宣怀上奏光绪帝创办了近代工科大学——北洋大学堂，它是以美国学制为蓝本，仿照西方模式设立的新式学堂。真正意义上的高等地质工科教育由此起步。学堂设法律、矿物、工程和机器四学门，矿物学门采矿冶金学科开始招生。北洋大学堂是中国第一所设有采矿专业的高等学府。1912年北洋大学堂改称北洋大学校。1913年，北洋大学校更名为国立北洋大学。北洋大学培养了一批矿冶技术人才，在中国近代矿冶业中，凡是著名的矿山企业、矿务学堂、矿政官署以及科研机构，几乎都有北洋大学采冶专业的毕业生。北洋大学采矿专业的设立在相当程度上推动了中国近代地质学的发展。

大地之子

中国地质学家的科学家精神

中国古植物学奠基人——斯行健

简介：

斯行健（1901—1964），浙江诸暨人，古植物学家、地层学家。1926年，毕业于北京大学地质系；1931年，获柏林大学博士学位，成为第一位获得博士学位的中国古植物学家。曾任原中国科学院古生物研究所（现中国科学院南京地质古生物研究所）所长，中国古生物学会理事，《古生物学报》《古生物志》编委，任教于中山大学、北京大学、清华大学等高校。1955年当选为中国科学院学部委员（院士）。

他长期从事古植物的研究，对古植物的分类和演化、地层划分对比以及植物地理分布等都有深入系统的研究，在古植物的众多领域中做了不同程度的开拓性工作，奠定了中国古植物学和陆相地层研究的基础。代表作《中国古生代植物图鉴》是第一部系统总结我国古生代植物和陆相地层问题的著作。《陕北中生代延长层植物群》指出了我国中生代植物群演替规律，并提出了我国中生代陆相地层的划分方案。

箴言：

急于求成，不是做学问的态度。青年人要坐得住、耐得寂寞，能勤学苦练、善于思考、不怕外界干扰，才会有出息。

斯行健（1901—1964）

古植物学是古生物学的重要分支之一，而古生物学又是地质学的一个重要研究方向。古植物学的研究、发展，与国民经济的发展和科学水平的提高息息相关。在古生物与地层学、煤田地质勘探、探索成煤原理和地球生态环境演化等研究方面，古植物学研究都是不可或缺的组成部分。我国有关古植物化石的记录可追溯至宋代的《梦溪笔谈》，但现代古植物学相关研究工作起步较晚。

斯行健是中国第一位拥有古植物学博士学位的学者，也是中国第一位古植物学院士，常被尊称为"中国古植物学之父"。1920 年，斯行健考入北京大学，先是在理学院预科就读，两年后转入地质系。在李四光、葛利普等教授的影响下，他对古生物学产生了浓厚的兴趣。

1928 年，斯行健赴德留学，经李四光推荐，入柏林大学师从古植物学大师高腾，勤奋刻苦、悟性出众的他，深得导师青睐。留学期间，他与导师高腾一起发表了多篇论文，并出席世界植物学大会。1931 年，他以优秀论文《中国里阿斯期植物群》通过答辩，获得博士学位。毕业后，为了开阔眼界、增长学识，斯行健赴瑞典自然历史博物馆跟著名古植物学家赫勒一起从事研究，他刻苦钻研、废寝忘食，短期内就完成了《陕西、四川、贵州三省植物化石》和《中国中生代植物》两本古生物志专著，成为古植物学界的一颗新星。

中国学者对古植物学研究工作的萌芽，最早可追溯至 1915 年丁文江对滇东曲靖泥盆纪植物化石的发现与采集，以及 1923 年周赞衡发表的《山东白垩纪之植物化石》初步研究。但两位学者后来都没在古植物方面继续深入研究。直到 20 世纪 30 年代，斯行健专攻古植物学并在极为困难情况下取得一系列成果后，才初步扭转了长期以来中国植物化石几乎全由外国学者研究的局面。

1933 年，斯行健学成回国，先是受聘于清华大学，后又回

青年斯行健（前排右一）

1939年，斯行健（左二）与李四光、俞建章、张文佑、吴磊伯在广西宾阳开展地质调查工作

1930年9月，斯行健（后排左三）在英国剑桥大学参加第五届世界植物学大会

到母校北京大学地质系任教，在国内首次开设了古植物学课程。那个年代，学校经费有限，除一般的教书育人、授业解惑之外，科研探索很难获得支持。在回国的头三四年间，斯行健通过研究偶尔获得的零星几块植物化石，做了近十篇论文。1937年，斯行健转到李四光带领的地质研究所工作，但很快"七七事变"发生，抗日烽火燃遍了大半个中国。在颠沛流离的多次迁徙中，图书资料和化石标本几乎损失殆尽。于是，斯行健参加了湖北、广西等地的煤田地质调查，并用调查期间采集或他人送来鉴定的植物化石标本开展研究工作。凭着锲而不舍的钻研精神，他发表了《贵州威宁峨眉山玄武岩中的树状羊齿之研究及中国西南部玄武岩之地质时代问题》等十几篇论文。这是在中国除木化石外，第一篇保存植物内部结构的石化标本研究论文。

1936年，斯行健（二排左四）参加北京大学地质学会欢送一九三六班毕业纪念

1949年后，党和政府对科学事业十分重视，对与国民经济建设关系密切的地质工作尤其关注，地层古生物工作得以迅速发展。1951年，中国科学院古生物研究所（后改名为南京地质古生物研

1947年，斯行健（右）与李星学（左）在中央研究院地质研究所

究所）正式成立，斯行健任代理所长，1953年任所长。斯行健深感肩负的责任之沉重，与赵金科、卢衍豪、李扬三位副所长精诚合作，各司其职，仅10年左右，古生物研究所就从50年代初的不足80名职工，迅速发展到约230名职工，其中仅专业人员就逾百人，各门类古生物专业人才几近齐全，成为全国地层古生物学研究中心。与此同时，斯行健还在南京大学兼课，并不时为地质系、生物系的高年级学生作有关古植物学的专题讲演，培养了一批中、青年古植物学接班人。

1956年，斯行健对张善桢（后左）和周志炎（后右）讲解

我国幅员辽阔，植物化石丰富，但那时古植物的研究基础薄弱，学者们只能从不同地区、不同地质时代的化石研究入手，才有可能进一步了解到植物群的演替规律，以满足地质调查、资源勘探中地层对比的需要，各地古植物的基础描述始终是迫切需要解决的问题。

斯行健一生研究了东起江苏、福建，西至新疆、青海，南自广东、云南，北抵黑龙江、内蒙古等广大地区的化石，时代从中泥盆世至新生代不等，仅描述发表过的标本就多达3000以上，创建新种上百个。其著作中仅大型、地区性的植物群研究便有8部，中、小规模的也有百余篇，这些著作不仅填补了我国古植物研究中的不少空白，还推进了有关地区基础地质的研究。我国晚泥盆世及其后的早石炭世早期乃至晚石炭世早期的植物和陆相地层的确认都与斯行健的工作分不开。通过大量研究，斯行健为煤炭、石油等矿产资源的勘探和区

斯行健被任命为中国科学院古生物研究所所长的通知书

斯行健的相关著作

1955年,苏联古生物学家吉尔皮契尼柯夫一行访问南京古生物所,斯行健(前排左二)陪同

1956年,斯行健(前排右三)参加中国古生物学会第一届全国代表大会

域地质的调查提供了可靠的生物地层基础。

1952年,斯行健发表了《中国上泥盆纪植物化石》,提出了晚泥盆世植物化石是陆地植物早期演化之重要环节的观点,这个观点在我国乃至东亚都独树一帜,他的专著大大促进了这方面的研究,而今已确证晚泥盆世植物群在我国分布很广。

为满足大规模地质勘查工作的需要,1953年,斯行健特地编著一本系统介绍我国280多种古生代植物及有关问题的书籍《中国古生代植物图鉴》,这是第一部系统总结我国古生代植物和陆相地层问题的著作,此书不但图文并茂、讨论精详,还以"中国陆相地层时代的讨论"一章作为有关植物群更迭与地层问题的总结,在地质勘探中起了相当大的作用。

1954年,斯行健又与徐仁合编《中国标准化石——植物》,这两部著作是当时地质古生物工作者案头必备的工具书。与此同时,他还撰写了若干指导性论文如《植物化石鉴定地层时代的价值》《如何采集植物化石》《动物与植物在各地质时代发生和进化的速度》等,充分阐述了植物化石在地质实践上的应用和意义。地质工作特别是在煤炭资源调查中,急需解决的古植物与陆相地层问题多而迫切。在后来写成的《陕北中生代延长层植物群》一书中,斯行健率先指出我国中生代植物群的演替规律,并提出了从植物进化的观点划分我国中生代陆相地层的方案,有利于地层的划分与对比。

1964年,斯行健于南京病逝,他为我国古植物事业奋斗了终生。作为中国古植物研究的先行者,斯行健在古植物的众多领域里做出了不同程度的开拓,奠定了我国古植物学和陆相地层研究的基础。他发表了专著9部、编著2本、译著1册、学术论文约150篇、文集1册，在古植物学研究上留下的财富，无论在内容和方法上都给人以丰富的启迪，他严谨治学、刻苦钻研的精神品质更是被一代代研究学者传承至今。

参考资料：

[1] 李星学. 深切缅怀中国古植物学奠基者：敬爱的斯行健教授[J]. 古生物学报, 2001.

[2] 潘云唐. 天行健, 君子以自强不息！：纪念斯行健先生百年华诞[J]. 化石, 2001.

[3] 潘云唐, 刘玉红. 斯行健(1901—1964)[J]. 中国地质, 1987.

[4] 张善桢, 王志勤. 斯行健：我国古植物学和陆相地层研究的先驱[N]. 光明日报, 2006.

（图片来源：中国科学院南京地质古生物研究所）

知识链接

【植物的演化】

植物的演化基本是沿着由简单到复杂、从无分化到有器官和性分化、由单细胞到多细胞的方向演进。低等植物出现较早，越是高等类别出现越晚；水生类型出现较早，陆生类型出现较晚。大致经历了：菌藻植物时代、裸蕨植物时代、蕨类植物时代、裸子植物时代、被子植物时代。

【国立中央研究院和北平研究院】

国立中央研究院和北平研究院的筹备于1927年同时展开，并分别于1928年6月和1929年9月成立。二者的成立标志着科研体制化进程已取得实效，职业科学家开始有了系统化的官方研究平台。此后这两个研究院成为民国时期两个最重要的科研机构。中央研究院（院长蔡元培）隶属国民政府，并接收民间组织中国科学社，成为国际上中国科学界的官方代表，是中华民国学术研究最高机关。北平研究院隶属于教育部，这也使得后者在政府经费支持上大大少于前者，只能优先发展自然科学和应用科学研究。

在国立中央研究院成立之前，国内已经成立了一些零散的研究机构，如直隶农事试验场、农工商农事试验场、实业部下属的地质调查所、农工商部下属的地质研究所、两广地质调查所、湖南地质调查所、中国科学社生物研究所、黄海化学工业研究社等。

国立中央研究院的初期仅有理化实业研究所、地质研究所、社会科学研究所和观象台等4个机构。后来，观象台分成天文、气象2个研究所，理化实业研究所分成物理、化学、工程3个研究所，社会科学研究所等机构也不断分化重组和新建。

新中国成立后，中国科学院循序接收旧有机构，除接收国立中央研究院和北平研究院外，中国科学院还陆续接收了静生生物调查所、中国地理研究所、中央地质调查所等研究机构。

大地之子

中国地质学家
的形学情怀

中国地层古生物事业奠基人——尹赞勋

简介：

尹赞勋（1902—1984），河北平乡人，地质学家，古生物学家。1923年，毕业于北京大学，后赴法留学，1931年，获里昂大学地质系博士学位。归国后，先后任江西地质调查所所长，中央地质调查所副所长、代理所长，中国地质学会理事长，中国地质工作计划指导委员会第一副主任委员，北京地质学院副院长，中国科学院地学部主任，全国地层委员会副主任，中国古生物学会理事长等职。1955年当选为中国科学院学部委员（院士）。

他是我国古生物学、古生态学、地层学的重要奠基人之一。他开展中国早期地质调查与研究，所从事的大量地层古生物工作，尤其是对志留纪地层和化石的研究为我国地层学发展树立了典范。

箴言：

任何高明的科学家的认识都是有限的，在真理面前应该虚怀若谷。

尹赞勋（1902—1984）

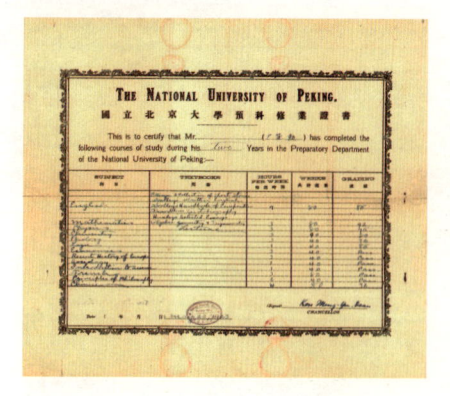

1923 年，尹赞勋的北京大学毕业证书

1931 年，尹赞勋法国里昂大学博士毕业证书

地层是在一定地质时期内所形成的层状岩石（含沉积物），是地质调查和地质研究的基础，地层学与古生物学的关系密不可分，作为地质学的一个分支，地层古生物在中国的研究始于 20 世纪 20 年代。尹赞勋是我国著名的地层古生物学家、地层规范的创始人、志留系研究的奠基人，是我国无脊椎古生物学杰出的先驱者和开拓者。他的一生所涉研究领域很广，而他最主要的成就还是古生物学和地层学的调查研究，尤其对志留纪地层和化石的研究为我国地层学发展树立了典范。

青年时期的尹赞勋

尹赞勋少年时代跟随父母辗转于河北、山西等地。1912 年，尹赞勋随母亲回到平乡，就读于县立高等小学，后考入保定育德中学。1919 年，这位勤奋好学的少年考入了北京大学预科。在"五四运动"爱国主义思潮影响下，有着一腔热血的尹赞勋也萌发了"科学救国"的志向。到拥有先进科学技术的国家求学，寻求"科学救国"的良方，成为那个时代有志青年的不二选择。1923 年，北大毕业的尹赞勋前往欧洲留学，留学期间，尹赞勋深知研究地学必须理论与实践结合，既重视书本知识，又注意野外实地考察，他鼓励自己要做到四勤：眼勤、脑勤、手勤、腿勤。为此，他常去博物馆和展览会参观，并利用节假日背起背包，手持铁锤，餐风饮露，跋山涉水，不辞辛苦赴各地观察有名的地层剖面和有意义的地质现象。1931 年，尹赞勋以优异的成绩在里昂大学获得博士学位。

1933年，尹赞勋（中排右二）同其他地学专家于葛利普寓所的合影。
前排（自左至右）：章鸿钊、丁文江、葛利普、翁文灏、德日进；中排：杨钟健、周赞衡、谢家荣、徐光熙、孙云铸、谭锡畴、王绍文、尹赞勋、袁复礼；后排：何作霖、王恒升、王竹泉、王曰伦、朱焕文、计荣森、孙健初

学成回国后，尹赞勋被聘到农商部地质调查所任调查员，同时在中法大学生物系和北京大学地质系兼职授课。工作、授课之余，尹赞勋还常赴外地进行地质考察，正是大量的野外实地考察，为尹赞勋积累了丰富的素材。1933年，尹赞勋对贵州遵义一带的栖霞海侵前的地层分布进行了详细的测绘，绘制出该区的古地质图。该图为寻找矿产资源、地层对比及研究地质环境的演变，提供了重要参考。

抗日战争开始后，尹赞勋先后从南京辗转到安庆、南昌、安源、泰和、桂林、贵阳、重庆等地。女儿尹文英清楚记得，在日军对南京的大轰炸中，尹赞勋的文献资料被烧成灰烬，尹文英看到父亲气得几天不吃饭，日夜流泪。

战争年代的交通多有不便，野外调查基本上靠毛驴代步或者两条腿行走，野外工作的保障措施更是无从谈起，饥饿、危险时刻威胁着地质工作者。但就是在这样的艰难环境中，尹赞勋仍在古生物学和地层学方面取得了许多影响后世的重要成就。

从那时开始，尹赞勋对中国的志留纪地层做了大量、详细的野外考察和室内研究，并结合研究化石，发表多篇重要著作。这些工作都是他亲自测制剖面，亲自采集标本，亲自鉴定化石，亲自分析对比。这种正规而严格的地层工作，

中国地质学会第22届年会期间，尹赞勋（右）和章鸿钊（左）讨论问题

在当时地质界是罕见的。

古生物是确定相对地质年代、建立地层系统的主要依据，同时也是地层划分和对比的主要依据。尹赞勋的研究涉及珊瑚、笔石、三叶虫、腕足类、瓣鳃类、腹足类、头足类等门类。古生物研究有两个方向：一是生物学方向，包括古生物分类、生物演化、古生物群、古生态；二是地层和地史方向，主要是生物地层、生物古地理、地质演化。尹赞勋在广泛描述实体化石基础上，对古生物中的高级理论问题也进行了探讨，论及生物死亡、埋藏及成矿意义。他对三叶虫爬迹、鱼类化石的鉴定，是我国最早期的生物遗迹化石研究。他将化石珊瑚生长纹所反映的生物节律分析，与天文周期变化联系起来，开拓性地探索了古生物学与天文学、地质学的结合，为地质古生物学与天文科学两大基础学科的交叉与渗透作出了贡献。他出版的三部《中国古生物志·乙种》，奠定了我国古生物的研究基础。

尹赞勋的地层研究工作和古生物研究工作是结合进行的，对志留系的研究也是同地层和动物群同时研究的。他研究地层，不仅注意地层的分层对比，还注意研究古地理和古地质。他研究古生物，不仅是详细描述与比较，还注意研究分类、演化和古环境。在大量研究的基础上，尹赞勋先后发表了《中国南部志留纪地层之分类与对比》《志留纪的中国》等重要著作，对志留纪断代地层、地史研究做出了突出贡献，也因此被誉为"尹志留"。除此之外，他还研究了奥陶系、石炭系、二叠系、三叠系和侏罗系地层，推动了地层学基础理论的发展。

中华人民共和国成立后，尹赞勋被任命为中国地质工作计划指导委员会第一副主任委员，

1944年，尹赞勋领衔撰写的《贵州遵义县东乡之三叠纪地层》发表

尹赞勋起草的相关著述

尹赞勋主编的《中国地层典》

尹赞勋主持会议

尹赞勋（右六）与同事在工作中

着手组织筹建全国地质科研、生产与教学机构。从1952年起，尹赞勋担任北京地质学院副院长兼教务长，他为学校的创建做了大量的工作，领导编写教学大纲和设计教学方案，并亲自参与筹建系、教研室、实验室及其他教学辅助部门的工作。1955年以后，他又兼任中国科学院生物学地学部副主任，1956年起改任地学部主任。协助国家科委和中国科学院组织领导了全国十二年和十年地学科学发展规划。

我国在20世纪50年代，古生物研究结合区域地质调查，为地层划分和地层时代的厘定提供了重要依据。但长期以来，地质人员在工作中命名了大量地方性地层名称，也给区域性地层对比造成很多困难。1957年，尹赞勋着手起草《地层规范及说明书》，几经征询意见和修改，呈报国家科学技术委员会批准。从此，中国有了第一个地层规范。在尹赞勋起草制定《地层规范及说明书》时，世界上只有四个国家的地层规范，即美国（1933）、加拿大（1942）、日本（1952）、苏联（1956）四国的地层划分和命名。从上世纪50年代起，尹赞勋主持编撰的《中国区域地层表》《中国地层名词汇编》等巨著先后问世，是我国地层学研究成果的系统总结，为全国的地层对比和科研、教学提供了良好的基础资料。

编撰一部地层大全《中国地层典》是尹赞勋的夙愿之一。1964年，尹赞勋开始《中国石炭系地层典》的编写工作，他考虑到"由于地质工作的迅速发展，中国地层单位名称一天天多起来了，关于这些名称的规范化存在着很多问题。随着名称数量的增长，问题也一天天更加复杂起来。为了摸清问题，找出解决途径，必须对这些名称进行汇集整理，编成一部地层大全，使广大地层工作者得到一种最基本的参考工具，以利工作的进行"。1966年《中国地层典（七）·石炭系》正式出版，这一工作使我国地层立典与国际地层立典同步，也使我国地质工作得以更加有序和规范化地开展。

1975年，有谣传山西大同火山是活火山即将爆发，当地群众惊慌失措，严重影响了社会生产生活。怀着对人民高度负责的热情，尹赞勋不顾74岁高龄，冒着严寒亲赴大同火山地区考察，在四十多年前做过工作的基础上，再次对该区的火山群作了地质调查、火山地貌和活动时代等方面的考证，并结合考古等文物资料，写出了《大同火山的活动时代》一文，从地质证据上阐明大同火山是在六七万年前就已熄灭的死火山，史书上所记载的"火山"实际上是正在燃烧的煤层和已燃烧过的岩石。他还在大同作了有关大同火山的科普报告，明确指出大同火山为死火山，安定了民心，从而有利于生产建设的发展。

工作中的尹赞勋

尹赞勋在祖国地质科学领域辛勤耕耘了50多个春秋，养成一种治学严谨、精益求精的优良科研作风。他待人以诚、平易近人、关怀后辈。夜以继日地埋头工作是他的日常，他充分利用空隙时间，节假日基本不休息，他常说："你们还年轻，来日方长，而我晚年有限，只能抓紧时间。"他始终以"不忮不求、心地坦白、坚持原则、仗义执言"作为座右铭，凡是与尹赞勋共事过的人，都称赞他是一位"不知疲倦的人"和"工作就是乐趣的人"。

1983年7月，他因白血病入院治疗，在生命最后半年的病榻上，他还在关心和惦念工作，为科研和人才培养提出意见、建议，并将他的全部藏书捐赠给中国科学院地质研究所，为地质事业的发展发挥余热。1984年1月27日，这位伟大的科学家与世长辞，享年82岁。

尹赞勋的一生为发展科学、培养人才孜孜不倦、奋斗不息。他急国家之所急，想人民之所想，不仅为发展中国的科学事业做出了突出贡献，更坚持科学研究与生产实际相结合，为国家生产建设服务贡献力量。科学救国和科技报国的理想信念，贯穿了这位科学家的一生。

参考资料：

[1] 潘云唐. 尹赞勋 (1902～1984)[J]. 中国地质,1988.

[2] 谢翠华,张日东. 纪念我国著名地质学家和古生物学家尹赞勋教授：缅怀尹赞勋教授逝世一周年[J]. 地质论评,1985.

[3] 中国科学院地质研究所. 尹赞勋教授科研五十年[J]. 地质科学,1982.

[4] 丁梦林,徐煜坚. 中国地学界老前辈尹赞勋先生逝世及其生平简介[J]. 国际地震动态,1984.

[5] 潘云唐. 卓越的地质古生物科学大师：纪念尹赞勋先生百年华诞[J]. 地球,2002.

[6] 郑金武. 尹赞勋：名以"志留"誉地学[J]. 中国科学报,2019.

[7] 尹赞勋. 往事漫忆[M]. 北京：海洋出版社.1988.

[8] 尹赞勋. 二十年来我国地层工作的进展[J]. 地层学杂志,1980..

（图片来源：中国科学院地质与地球物理研究所、丁文江故居、《章鸿钊画传》）

知识链接

【"地层层序率"与"生物层序率"】

原始沉积的地层是近水平的，先形成的在下，后形成的在上，即具有下老上新的规律。这就是地层层序率，是确定地层相对年代的基本方法。生命的演化是从简单到复杂，从低级到高级不断发展，年代越老的地层中所含生物越原始、简单、低级。不同时期的地层中含有不同类型的化石及其组合，而在相同时期且在相同地理环境下所形成的地层，只要与原先的海洋或陆地相通，都含有相同的化石及其组合，这就是生物层序率。综合运用地层层序率与生物层序率，是系统划分与对比不同地方的地层、恢复地层形成顺序的基本方法，同时也为研究生物的演化阶段和全过程奠定了基础。

【地层的划分与对比】

地层的划分是指对于一个地区的地层进行时代的划分，而地层的对比是指不同地区的地层进行时代的比较。现代地层学强调岩石有多少种可以用于地层划分的特征（属性），就有多少种方法划分地层，即地层划分的多重性，划分的结果为多重地层单位。

地层的划分及对比方法有：

1. 根据角度不整合面、平行不整合面把上下地层划分开的构造学方法；
2. 根据上下地层岩性的不同或岩石物理、化学性质的不同而将两个地层划分开来，也可根据岩石的组合情况及旋回韵律划分地层的岩石地层学方法；
3. 根据上、下地层中所含的化石异同来划分对比地层的生物地层学的方法；
4. 因新技术应用到地层学研究中，形成的一系列如同位素测年、磁性地层、地震地层、层序地层等新的划分与对比方法，即现代地层学方法。

【金钉子（GSSP）】

"金钉子"即全球界线层型剖面和点位。"金钉子"一词源于借用美国首条横穿美洲大陆铁路钉下了的最后一颗钉子，象征这条铁路修筑完成的里程碑意义。地质学上用"金钉子"（Gold Point）来指代全球年代地层单位界线层型剖面和点位（GSSP）的俗称，它是国际地质科学联合会（IUGS）和国际地层委员会（ICS）以正式指定并公布的年代地层单位界线的典型或标准，是为定义和区别全球不同年代(时代)所形成的地层的全球唯一标准或样板，并在一个特定的地点和特定的岩层序列中标出，作为确定和识别全球两个时代地层之间的界线的唯一标志。全球地层年表中一共预设有金钉子110枚左右，自1977年在捷克确立的全球志留系—泥盆系界线层型剖面和点(GSSP)以来，目前已经确立"金钉子"65枚。中国从20世纪70年代末开始全球"金钉子"的研究，截至目前已经在我国确立了10枚"金钉子"，我国成为世界上拥有"金钉子"最多的国家。

大地
之子

中国地质学家
的科学精神

中国地震事业的奠基人——李善邦

简介：

李善邦（1902—1980），广东兴宁人。地震学家，中国现代地震事业的奠基人。1925年毕业于东南大学（现南京大学）物理系。1929年主持筹建地震观测室，曾任地质调查所地震研究室主任、中国科学院地球物理研究所研究员及代理所长等职。

他创建中国第一个地震台——鹫峰地震台；1943年研制成功中国第一台近代地震仪——霓式Ⅰ型水平向地震仪。20世纪50年代进一步设计制造了51式多种型号的地震仪，并领导建成中国第一批全国地震基本台站，负责提供国家基本建设地震烈变数据，同时编制中国第一幅《全国地震区域划分图》，主编了第一部《中国大地震目录》，为中国地震研究奠定了基础，为中国地震研究工作培养了大批人才。

箴言：

谨誓毕生之力谋地震波动为探矿之用。一得之贡，便是效力国家。

李善邦（1902—1980）

辛亥革命推动了近代科学思想在中国的传播，出现了以中外传教士为主体的零散性地震研究；新文化运动后，中国科学社和专业学会出现，围绕海原地震开展了地震地质研究，取得了地震的救灾经验和深刻教训。在中国地震事业的发展中，李善邦做出了重要贡献。

他创建了我国第一个地震台——鹫峰地震台，开创了我国地震观测研究的新纪元；他设计研制了我国近现代第一台地震仪——霓式地震仪，开创了我国地震仪器研制的新历史；他主持编绘了我国第一套地磁图，为我国地磁测量研究奠定了基础；他带领建立了我国第一批全国地震基本台站，成为我国地震观测研究事业的新起点；他主编的第一部《中国地震目录》和编制完成的第一幅《中国地震区域划分图》，满足了国家建立抗震和地震活动性研究的迫切需要；他主持组建广东河源新丰水库地震考察队，开创了我国水库地震研究新领域；他晚年抱病撰写《中国地震》专著，为中国地震事业留下了弥足珍贵的财富。

20世纪初期，中国地震活动进入相对活跃时期。1920年，海原（时属甘肃省）发生8.5级特大地震，当时世界上有96个地震台都记录到了这次地震，史称"环球大震"；1925年，云南大理发生7级大地震；1927年，甘肃古浪发生8级地震。但这些地震发生的时候，中国学者手中还没有一台近现代意义上的地震仪，也没有地震台。海原大震一个月后，地质学家才将震中圈定在海原。

固原县前提都赏门受震墙倒架正（IX烈度区，翁文灏、谢家荣摄）

甘肃靖远锁罕堡全村倒平（X－XI烈度区，翁文灏、谢家荣摄）

西吉县硝河镇一座穿斗木屋地震后墙倒架歪（翁文灏、谢家荣摄）

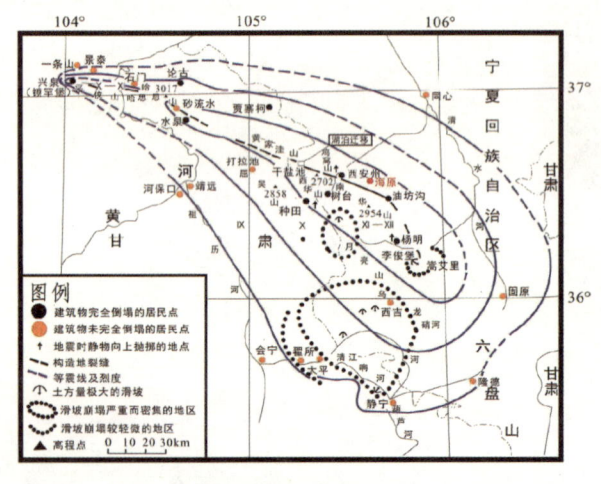

1920年，海原大地震震区震害分布图

李善邦手稿

1926年，李善邦在东南大学留影

1930年鹫峰地震台正式启用并开始观测，这是中国人自行建设和运行管理的第一座地震台，也是我国第一个用现代科学意义的地震仪进行地震观测的地震台。1931年鹫峰地震台扩充为"地震研究室"，李善邦任室主任，贾连亨、潘家麟、翁文波等协助观测，这是中国第一个专业的地震科研机构，抗日战争期间改称地球物理研究室，研究内容扩大至物理探矿与地磁测量等方面，奠定了我国地震学与地球物理学的基础。
图为李善邦拍摄的鹫峰地震台全貌

李善邦负责地震台的日常运行、观测、研究工作

中国地质学者们从此意识到，除了研究地震史和地质构造之外，还必须进行仪器观测。中国必须要有自己的地震台和地震仪，发展自己的地震研究事业，时任地质调查所所长的翁文灏决定开始筹建地震台和相应机构。翁文灏认为地震是一种地球物理现象，需要有物理知识的人来承担这一任务，筹建期间便想寻找一位学过物理的人负责地震台的工作，叶企孙先生将学生李善邦推荐给他。从此，李善邦开始了他五十年的地震工作生涯。

地震观测是开展地震研究的基础。1930年初，李善邦来到北平，随即被派往上海徐家汇地震观测台学习。这个地震台是由法国天主教会创办，台长龙相齐是意大利人，对李善邦是既专横又鄙视，甚至当面说中国人研究不了地震，只是让李善邦跟着他的助手当帮工、做杂活。为了尽快掌握地震业务，李善邦忍着气，一面自己跑到地质研究所图片馆借书自学、刻苦钻研，一面又尽量抓住机会主动提出问题请教龙相齐。翁文灏知道龙相齐不肯教李善邦的事情后，设法给龙相齐弄了个顾问头衔，龙相齐才对李善邦的态度有所改变，但也只是向他粗略讲些地震的基本知识，介绍他看几篇有关的文章，至于管理地震台所需仪器构造原理和观测技术，依然不给指导。

半年后，鹫峰地震台的土建工程已完工，李善邦来到鹫峰地震台，这里距当时的北京城区40多千米，十分偏僻，是在林行规律师捐赠的一块土地上建造的。当李善邦得知为建这个地震台，翁文灏等人殚精竭虑筹划多年，并将开创我国地震研究事业的重任托付给他之后，他深感责任之重，决心将地震台办起来。

当时地质调查所花费了很多心血筹集经费从德国进口了一台维歇特式机械地震仪，但在当时的北平谁都没有见过地震仪，唯一的技术资料就是地震仪的说明书，安装调试起来困难重重。李善邦从基础开始，钻研说明书，反复调试，最终解决了

李善邦（右一）与翁文灏（右二）、章鸿钊（左二）、谢家荣（左一）等在鹫峰地震台（地质调查所鹫峰地震研究室）

1930年6月安装的德国维歇特式（Wiechert）小型机械地震仪。该地震仪基于"倒立摆"原理，采用机械杠杆放大信号，是鹫峰地震台最早使用的地震仪器。其水平地震计的摆锤重为200公斤，垂直向的摆锤重80公斤，摆的固有周期约5秒，放大倍数约100倍。它采用熏烟纸记录，每天8时更换一次地震记录纸，使用经酒精泡过的松香液处理和固定纸上的煤油烟迹，有地震记录就留做分析，无地震记录则保存起来。维歇特地震仪于1930年夏天开始安装调试，1937年"七七事变"后，由于体积和重量较大，无法转移，最终毁于战火

苏联伽利津－卫立蒲（Galitzin-Willip）电磁式地震仪。1906年苏联物理学家和地震学家伽利津最先将电磁感应原理（电磁换能方式）应用于地震仪设计中，制成伽利津式地震仪，使测震技术登上了新台阶。电磁换能成为之后半个多世纪里地震计换能设计的主流方式，直到今天仍被广泛采用。后来其助手卫立蒲改进并完善，研制出当时世界上最先进的伽利津－卫立蒲电磁式三分向地震仪。1932年鹫峰地震台引进安装此仪器（1936年秋天以前，鹫峰地区尚未通交流电，为保障地震仪运行，需定期将蓄电池用毛驴驮到清华大学充电，遂有"骑着毛驴上鹫峰，听着狼嚎测地震"之说），它的投入运行使鹫峰地震台一跃成为当时世界一流的地震台。其三个摆的固有周期和电流计的周期都约11秒，放大倍数可达1000多倍，以电流计带动光杠杆进行信号放大，采用照相记录。1937年"七七事变"后，贾连亨历经艰险将该套设备妥善保存于燕京大学地下室。抗日战争胜利后，仪器辗转南京、北京多地用于地震观测

翁文灏为李善邦争取到庚子赔款的退款留学机会，1934 年 9 月至 1935 年 7 月，李善邦在美国加州理工学院地震研究室访问学习，师从国际权威地震学家古登堡

为地震仪校正时间的时钟和无线电接收器。除了地震仪，鹫峰地震台上还装有一架精确的天文摆钟、自动记录温度计、风速计、水银大气压表、湿度表等，还配有一台短波无线电接收器。观测人员每天 9:50、21:50 收听无线电信号为地震仪校准时间

所有的问题，从而使地震仪运转起来。1930 年 9 月 20 日格林尼治时间的 13 时 02 分 02 秒，鹫峰地震台记录到了第一个地震。中国人从此有了自己的地震观测记录，这是中国近现代地震研究事业迈开的重要一步。

有了记录，李善邦又考虑出版地震观测报告。他到地质调查所图书馆查找文献资料，了解观测报告的编写方法，在此基础上出版了按国际共同标准编写的地震记录报告《鹫峰地震台专报》，并与世界各国地震台交换。从此，国际上知道了中国人有了自己的地震观测。至 1937 年的短短 7 年中，鹫峰地震台共记录地震 2472 次，编写出版了 60 多期《鹫峰地震台月报》和 10 余期《鹫峰地震台专报》，引起国际地震学界的重视。

在李善邦等人的努力之下，我国地震研究工作平稳向前发展。但此时，日本帝国主义发动了"七七事变"，侵略者的枪炮减缓了我国地震观测与研究的步伐，鹫峰地震台被迫关闭，李善邦也被迫离开了辛苦创业建立的地震台。由于没有观测仪器，地震研究无法继续，李善邦和他的同事们转向开展物理探矿工作。

虽然工作重心转向了地球物理探矿，但李善邦无时

1935 年，李善邦（左一）在德国柏林和当时在德留学的李春昱（左二）、李承三（左三）、黄汲清（左四）和方俊（右二）等

李善邦研制的霓式地震仪

20世纪40年代初，在西康地区探矿途中的李善邦

20世纪50年代，李善邦与苏联专家在隧洞调查地震地质情况

无刻不在惦念地震记录。在烽火连天的抗战时期根本不可能从国外进口地震仪，为了解决没有仪器的困难，李善邦毅然决定：自己制造地震仪。依靠一台车床和一部台钻，零部件甚至要到旧货摊上淘换一些材料来制造，停电时候用人力摇动车床，再加上食物匮乏，李善邦的营养极度不良。就是在这样极端艰难困苦的条件下，他终于基本做成了一台机械记录式水平向地震仪，并开始试记。1943年6月22日清晨，他记录到成都附近的一次地震，经仔细检查，地震记录良好。中国人自己制成的第一台地震仪就这样诞生了。为了纪念翁文灏对我国地震事业的贡献，李善邦将这台仪器定名为霓式地震仪（翁文灏，字咏霓）。

1945年中国人民的抗日战争取得了胜利，李善邦将霓式地震仪运到南京。为了使破损的地震仪得到修复，李善邦建立了金工车间，又将原鹫峰地震台使用的地震仪找到并运回，修复后一起投入运行。李善邦将地震台命名为水晶地震台，由于设备完善，管理有序，该地震台到1948年已位列世界一流。

1949年后，为适应大规模国民经济建设的要求，一定数量的地震台必不可少，李善邦将霓式地震仪进行改进定名为51式地震仪，并投入批量生产。依靠这些国产的装备在较短的时间内，国内各地建成了一大批地震台，地震观测在中国有了一个初步的规模。1955年，李善邦主持从苏联引进了基尔诺斯式（长周期）和哈林式（短周期）地震仪，并在中国自己的工厂仿制。仿制成功的基尔诺斯式地震仪架设在各地基准地震台，使这些地震台达到了世界先进水平。

为重点工程建设场地提供地震烈度鉴定，是摆在中国地震学家面前的一项艰巨任务。1953年，李善邦开始将主要精力放在研究中国地震历史上，最终汇编成《中国地震资料年表》。他首先筛选出对人民生命财产造成较大损失的地震对其破坏性

1955年，李善邦与地震干部训练班毕业生合影

作综合分析，将记载分别归并到具体地震之下，整理出其主要参数，再将结果与近期仪器观测的地震资料结合，测定出具有主要参数的破坏性地震共1180次，编成大地震目录，即《中国地震目录（第一集）》。然后，他又将全部历史记载按地方分别归并到2000多个县，将每县所有的地震记载，包括近代仪器观测和调查资料，按时间顺序排列，汇编成分县地震目录，即《中国地震目录（第二集）》。这两本目录，为我国地震区划提供了重要依据，成为国家大规模的经济建设布局可靠的参考资料。这两册巨著的编成，为我国地震区划提供了重要依据，也为国家大规模建设规划提供了可靠的参考。此后数十年，凡研究我国地震活动性和地震危险性，为建设场地提供地震烈度，此书均作为主要的参考资料。

李善邦还就研究资料绘制成了中国强震分布图和最大地震烈度分布图，同时开展对水库诱发地震的研究。为了进一步考察中国强震与新构造运动的关系，1955年秋，他又在苏联专家的帮助下，组织规模庞大的中国地震区划考察队，先后两次，历时半年多，考察结束后，根据他的中国强震分布图和最大地震烈度分布图，结合考察成果，编成我国第一幅1∶500万的《中国地震区域划分图》。

李善邦一生致力于开拓和发展我国地震事业，积累了丰富的经验。1979年，李

1957年，李四光（右一）在查看刚刚出版的《中国地震烈度区域划分图》

李善邦给地球物理所年轻的同事们讲解地震仪，左起：杨太城、许绍燮、李善邦、叶世元、张奕麟、王耀文

善邦完成了巨著《中国地震》。此书共50万字，分宏观地震、微观地震、中国地震、地震成因、地震预报等5篇12章，中国地震是全书的重点。这是我国第一部全面论述中国地震兼及世界地震的科学巨著。遗憾的是，李善邦还未见到该书的问世，就于1980年4月因心肺严重衰竭与世长辞。

晚年撰写《中国地震》时的李善邦及成书封面

李善邦走完了他78年的人生旅程与世长辞，然而，他半个世纪以来为开拓我国地震事业所做出的卓越贡献，那些反映了他丰富经历与实践经验、具有深邃见地与渊博内涵的众多科学论著，以及他一生严谨治学、挚爱事业的奉献精神，都成为留给后人的巨大精神财富。他的个人命运与祖国前途、学科研究紧密相系。中国地震学是在九州山河破碎、国难深重之时由前辈们砥砺奋进开创的。我们能够深切体会到，李善邦等学者在日机轰炸下研制地震仪的昂扬决心，研究报告中映照着可歌可泣的抗战篇章，地震台站里闪耀着爱国主义的光辉。他爱国、救国、兴国的灵魂印记，化作了世代中国学者进行科学探究的力量源泉。

参考资料：

[1] 冯锐. 中国近代地震学史纲要 [J]. 中国地震,2018.

[2] 王培德. 中国地球物理重要的学科奠基人：李善邦先生 [C]// 中国地球物理学会. 辉煌的历程：回顾中国地球物理学会60年. 北京：地震出版社,2007.

[3] 黄增章. 中国地震事业的奠基人李善邦 [J]. 广东史志,2001.

[4] 张家惠. 李善邦：洞察大地的脉搏 [J]. 科学家,2017.

[5] 王辉. 地震仪器自主研发的必要性与可行性分析 [J]. 国际地震动态,2007.

（图片来源：中国地震局地球物理研究所、《1920年海原大地震震害特征与启示》）

知识链接

【地震仪器】

地震仪器发展的过程，主要可分为四个阶段：古代地震仪、早期地震仪、近代地震仪和现代地震仪。中国是最早发明地震仪并用地震仪观测地震的国家。东汉时期张衡创制地动仪，设于京师（今洛阳）。欧洲在18—19世纪开始出现水银验震仪。李善邦制成的水平摆式地震仪是中国近现代地震仪研制的里程碑，之后在此基础上不断改进，分别在1951年研制成功51式机械杠杆放大地震仪、1954年研制成54式光杠杆放大地震仪和1964年研制成64式电流计放大地震仪，并应用于中国区域地震台网的布设。我国研制的各种类型的地震仪器在不同的历史时期对我国地震和地球科学的发展发挥了重要作用。

大地之子

中国地质学家
的科学精神

中国大地构造学奠基人——黄汲清

简介：

黄汲清（1904—1995），原名黄德淦，四川仁寿人，地质学家。1928年毕业于北京大学地质系，1935年获瑞士浓霞台大学理学博士学位。曾任中央地质调查所所长、西南地质调查所所长、中国地质工作计划指导委员会委员、全国矿产普查委员会常委、中国地质科学院副院长及名誉院长等职。1955年当选为中国科学院学部委员（院士）。

他撰写了我国第一部地层学专著《中国南部二叠纪地层》，主编了中国第一套全国性地质图件，出版了中国第一部石油地质调查专著《新疆油田地质调查报告》，提出了陆相生油和多期多层生储油理论。20世纪70年代后，他又结合板块构造，进一步发展了由他提出的多旋回大地构造理论。他是中国石油普查工业的开拓者，大庆油田早期勘查工作的组织者。

箴言：

生活的道路，不是平坦笔直的，科学的道路更是如此。一个人一生要想做出点成绩，必须具有百折不挠的精神，不埋怨环境，不叫喊困难，认准目标，一直往前。挫折是暂时的，成就是永存的。在山穷水尽之时，要想到柳暗花明之日。

黄汲清（1904—1995）

大地构造学是主要研究地球岩石圈的物质组成、结构构造、演化规律及其运动学和动力学的学科，在研究时必须对研究地区的构造运动、沉积作用、岩浆作用、变质作用、成矿作用及地质发展历史等进行全面而综合的分析研究，在地质科学中占有非常重要的地位。

我国大地构造研究发展，大致可以划分为四个时期：区域地质资料的收集、研究和总结时期；槽台学说的提出和发展时期；板块构造学说的传播和兴盛时期；超越板块构造时期。黄汲清便是槽台学说的提出和发展时期的主要代表人物。黄汲清用槽台学说对中国大地构造的基本特征做了精辟的划分和概括总结，创建多旋回构造运动学说，开拓了大地构造研究的新方向，是中国大地构造学发展的奠基人之一。

黄汲清早年读梁启超的《中国魂》时，深受震撼，立志要为中华民族争光，但四川交通闭塞，无法施展抱负，于是他与几位同窗好友一起远赴北京求学。在北大地质系就读期间，他立志"科学救国"，改名为"汲清"，意在广纳新知，博览群书。1928年，黄汲清以优异成绩从北大毕业，进入地质调查所工作。

1929—1930年，黄汲清参加丁文江领导的西南地质大调查，先后踏勘了陕、甘、川、康、滇、黔等地，徒步万里，获得了丰富的第一手地质资料和大量化石标本。黄汲清在此基础上潜心研究，陆续发表了《中国南方二叠纪珊瑚化石》《中国南部之二叠纪腕足类化石Ⅰ》《中国南部之二叠纪腕足类化石Ⅱ》3部古生物著作，以及《中国南部二叠纪地层》这部重要的地层学专著。其中，《中国南部二叠纪地层》是我国第一部断代地层总结，首倡二叠系三分，奠定了中国二叠纪地层划分的基础。

二叠纪地层在20世纪30年代初是国际上地层研究中的薄弱一环。1933年第16届国际地质大会上，美国地质学家舒可特在世界二叠纪地层总结论文中，就采用了黄汲清的这项研究成果。此后二十年内，中国二叠纪地层成为世界标准剖面之一。由此，国内地质界即尊称黄汲清为"黄二叠"，以赞扬他在这方面的独特贡献。

黄汲清熟读并研究了国内外学者在亚洲调查研究的所有成果，在长期大量的野外地质调查基础上，他于

1928年秋毕业时与北京大学地质系同班同学合影（前排左：李春昱，右：朱森；后排左：黄汲清，右：相曾威）

1932年，黄汲清（左一）与导师E.阿尔冈教授（左二）在阿尔卑斯山考察

1941年，黄汲清等在河西走廊考察石油地质途中

1943年1月，在新疆独山子油田进行石油地质调查（右三：黄汲清，左一：程裕淇，左二：翁文波）

1943年开始引入槽台说，用历史分析法和建造分析法对中国大地构造进行初步总结，指出中朝地块、扬子地台、塔里木地块和其他一些中间地块的存在，并分析其特点。

在日军轰炸机不时骚扰、生活条件十分艰苦的条件下，黄汲清历时14个月写下了前半生的代表作《中国主要地质构造单位》，该书用活动论的思想第一次系统划分了中国及邻区的大地构造旋回和基本构造单元，第一次全面系统论述了中国的造山旋回、构造单元、古构造—古地理和动力演化过程及其大地构造特征，奠定了用历史分析法研究中国大地构造的基础。

中国地质科学的发展最初比较注重于地层和古生物研究、矿物和岩石研究，随着工业化对矿床需求，在地球物质科学发展的基础上，开始出现对大地构造的研究。20世纪50年代，我国的大地构造学出现了地质力学、多旋回说、地洼说、断块说、波浪状镶嵌学等多种学说并存的学术繁荣局面，黄汲清便是多旋回学说的创始人，他的多旋回构造说重在造山带发展史，与历史大地构造学关系紧密，这也使他成为中国历史大地构造学的奠基人之一。

之后黄汲清又编制1：300万比例的中华人民共和国大地构造图，进一步阐述多旋回构造理论，随

《中国主要地质构造单位》专著被誉为中国大地构造的经典著作，第一次用古构造—古地理图方式演示了中国大地构造发展过程

105

后出版的《中国大地构造基本特征》专著，修改补充和完善了他之前的研究成果，提出准地台的新概念，并引进苏联的深断裂概念，进一步将深断裂划分为壳断裂（包括硅铝层断裂和硅镁层断裂）、岩石圈断裂和超岩石圈断裂，并指出他们控制着褶皱带的发展。

1944 年以来，黄汲清等针对中国大地构造做了多次总结性研究，编制了众多构造图。综合性地质图件的编制，包括地质图、大地构造图、成矿规律图等等，不是简单地勾勾画画，也不是单纯地通过计算机的缩编、拼接，而是一个系统的综合研究和专题研究过程，是一个综合、提炼、升华的过程，图件是研究成果的集中体现。黄汲清及其团队历次编制的大地构造图，都是在野外工作、专题研究和丰富的地质调查矿产勘查资料基础上，精心制作而成。

1954 年，黄汲清（二排坐左三）在卢沟桥带领北京地质学院的学生们在野外考察

黄汲清等编撰的《中国大地构造基本特征》（1962）和《中华人民共和国大地构造图》（1960），总结了 1949—1959 年全国的地质调查和矿产勘查成果和大地构造室同仁在北山、南岭、川滇等地的野外调查和专题研究成果

20 世纪 60 年代以来，黄汲清等继续研究和阐述中国大地构造的演化特点和地槽褶皱带的多旋回运动规律，创立多旋回发展模式。他们认为褶皱带的发展可以分为早期旋回、主旋回和后期旋回三个大阶段，后期旋回即是地槽转化为地台以后，以断块活动和盖层褶皱为主的构造运动，就是"地台活化"。多旋回活动包括多旋回沉积建造、多旋回褶皱运动、多旋回深断裂活动、多旋回岩浆活动、多旋回变质作用和多旋回成矿作用，也包括多旋回板块运动，板块碰撞、俯冲，深海沟—火山岛弧的形成和向洋迁移，都是多旋回发展的。

20世纪70年代末期，尹赞勋、李春昱等将板块构造学术思想和理论引入我国，从此，用板块构造观点重新认识中国大地构造的论著大量出现。中国大地构造与全球构造紧密结合，地球深部圈层研究与地球表面构造研究紧密联系，槽台学说进入了一个新阶段。黄汲清在大量新资料的基础上，将多旋回说与板块学说结合在一起，强调"板块运动也是多旋回的，由于板块多旋回俯冲和碰撞，产生多旋回的沉积建造、岩浆活动、褶皱运动、断裂活动、变质作用和成矿作用"，进而建立了板块多旋回开合手风琴运动模式，指引了大地构造研究的新方向。多旋回说发展为完整的理论体系，在地质学界影响深远。

1987年，黄汲清与陈炳蔚合著《中国及邻区特提斯海的演化》一书，提出了古特提斯、中特提斯、新特提斯的见解，以及北主缝合带、南主缝合带及互换构造域等新概念，为特提斯研究提供了新的科学思路。黄汲清所创建和发展的"多旋回构造运动学说"不仅具有重大理论意义，更具有广泛的应用价值，经过半个多世纪的实践检验，已为中外地质界认同。在国内，无论是在区域地质调查和矿产普查中，还是在科研中，均被广泛采用；大专院校编写的相关教材或教科书，也多以这些成果为基础。他提出的多旋回理论已渗透到地质学的众多领域。

20世纪80年代后期，黄汲清又支持他的学生用地球系统科学的思想研究中国大地构造，把"地球内部各层圈的物质运移、转化和能量交换"，"把地球，包括大气圈、水圈、生物圈、岩石圈以及地球内部各层圈作为一个整体，用时空四维、流动的

1955年带领北京地质学院学生在卢沟桥野外考察后一起交谈

1956年，黄汲清（前排左三）随地质部访苏代表团在列宁格勒与纳里夫金院士（前排右五）合影

1986年，黄汲清在大庆油田与地质、地球物理工作者座谈

1994年，黄汲清（左一）九十华诞庆典上，与朱光亚（左三）、钱伟长（左四）等亲切交谈

观点进行研究，不仅要研究切向的物质运动及其转化，而且要研究垂向的物质运动和转化"，"把地球作为一个整体进行探索，把地球作为天体的一员，放在宇宙空间加以研究"。1999年出版的1:500万比例的中国及邻区大地构造图及简要说明——《从全球看中国大地构造》，正是在这种学术思想指导下完成的。

1989年，黄汲清与夫人在北京西山

现如今，大地构造研究已经发展到超越板块构造阶段。大地构造研究融入地球系统科学的研究之中，将经典地区"立典式"研究与全球或大区域地质研究结合，多学科相互渗透，采用现代化科技方法，研究大地构造及地球各圈层的相互作用、组成和演化。而这些都离不开黄汲清等前辈的工作基础，他们结合中国地质的实际问题进行开创性探索，是中国大地构造学发展的必要条件和基础。

在漫长的地质科学生涯中，黄汲清勤于实践，善于思考，勇于创新，攻克了许多科学难题，攀登上一个又一个的科学高峰。在治学态度上，他严肃认真、一丝不苟。小至野外记录，大至鸿篇巨著，他总把"严格""认真"贯穿始终。20世纪50年代，苏联专家看到他的野外考察记录，不禁叹服"无须加工即可做教科书"。他一再告诫学生"研究问题要像打蛇一样，要打七寸"，他自己也正是这般身体力行的。站在科学发展的前沿，善于吸收、虚心学习，是黄汲清治学的突出特点；不迷信权威，敢于创新是其治学的又一大特点。在晚年，他仍然积极倡导地质科学各学派的自由讨论和百家争鸣，肯定并鼓励青年学者的学术成就，并向他们虚心学习。他勤勉奋斗的一生为中国地质事业的发展做出了不可磨灭的重大贡献。

参考资料：

[1] 钱伟长,孙鸿烈.20世纪中国知名科学家学术成就概览:地学卷:地质学分册[M].北京:科学出版社,2013.

[2] 杨丽娟.地质学史研究者黄汲清[J].今日科苑,2021.

[3] 李迎家,陈宝国.从中国大地构造学派形成看学术繁荣[J].中国地质教育,2007.

[4] 盛金章,李星学.黄汲清先生与中国的二叠系[J].古生物学报,2004.

[5] 潘云唐.中国地质科学的卓越大师：黄汲清院士[J].矿物岩石地球化学通报,2019.

[6] 高距.中国大地构造研究发展历史的回顾及展望[J].中国地质教育,2009.

[7] 李锦轶.中国大陆地质历史的旋回与阶段[J].中国地质,2009.

[8] 任纪舜,邓平,肖藜薇.与时俱进,发展中国大地构造学[J].地学前缘,2004.

（图片来源：中国地质科学院地质研究所）

知识链接

【我国大地构造学派】

我国的大地构造学派大体为五个：李四光的地质力学学派、黄汲清的多旋回构造学派、张文佑的断块构造学派、陈国达的地洼构造学派和张伯声的波浪镶嵌构造学派。地质力学学派和多旋回构造学派形成于 20 世纪 30 年代，至 20 世纪 50 年代趋于成熟；断块构造学派和地洼构造学派形成于 20 世纪 50 年代，至 20 世纪 60 年代趋于成熟；波浪镶嵌学派形成于 20 世纪 60 年代，20 世纪 70 年代趋于成熟。

【历史大地构造学】

历史大地构造学一词源于苏联 20 世纪 30 年代，指使用历史分析的研究方法，通过研究沉积建造、岩浆作用、变质作用和构造作用性质，来分析地壳各部分的构造状态及其演变历史，从发展的角度研究地球的构造演化过程。

大地之子

中国地质学家
的科学精神

板块构造学说应用的先驱——李春昱

简介：

李春昱（1904—1988），河南卫辉人，区域地质学家，构造地质学家。1928年毕业于北京大学地质系，1937年获德国柏林大学博士学位。曾任中央地质调查所所长、东北地质矿产调查队总队长、华北地质局总工程师、地质部北方总局总工程师、中国地质科学研究院地质研究所研究员等职。1980年当选为中国科学院学部委员（院士）。

他早年深入川西高原进行开创性的地质调查，20世纪60年代参加组织领导了全国区域地质调查工作，70年代在板块构造学说的理论和实践方面取得重大成就。1972年建议并参与、指导编制《亚洲地质图》，该图于1982年获国家自然科学奖一等奖。

箴言：

科技工作必须面向经济建设。这是当前科技工作者应当遵循的正确途径，地质工作当然也不例外，应该为国家寻求各种矿产资源，积极从事有关地质方面的建设工作。

李春昱（1904—1988）

中年时期的李春昱

1928年，李春昱（左）与董作宾在工作中

李春昱是中国最早倡导板块构造学说的地质学家之一，也是首先在中国发现板块构造证据的人。他运用大地构造理论，将板块构造学说创新性地应用到中国大陆地质构造研究之中，为推动我国地质科学发展做出了不可磨灭的贡献。

幼年的李春昱曾随父亲进京读小学，后因祖母病故返回家乡。11岁时，李春昱考入旧制中学，1922年考入北京大学理科预科，1924年考入北京大学地质系。大学毕业后的李春昱入职地质调查所，从事地质调查和研究。其间，他参加了丁文江领导的"西南地质大调查"，所经之地大多荒蛮偏僻，交通极为落后，随时有土匪地霸抢劫财物的威胁，但他深知，加速地质调查和开发地下矿藏是使国家富强的必由之路，从未有半分懈怠，前后撰写了近30篇（部）论著，为地质矿产的深入研究奠定了基础。他参与撰写的《四川西康地质矿产志》，全面记述了川西高原区域地质构造及矿产资源状况，是研究和了解川西高原矿产的一部启蒙性著作，至今仍是区域地质矿产调查的典范。他根据对二叠纪地层和构造的研究，预测了重庆附近的中梁山煤田，后被勘探证明是一个大煤田，并建成投产，成为重庆工业区的主要能源基地。

1929年李春昱与赵亚曾等合著的《开平盆地及其附近地质》、与王恒升合著的《京粤铁路线地质矿产报告（南京至福建南平段）》等是我国早期区域地质矿产调查的宝贵资料和重要成果，对有关地区地质矿产研究及矿产资源的勘探开采具有重要的参考价值。1932年至1933年，李春昱先后到乌江流域的彭水和涪陵、峨眉山等地区进行了野外调查，考察四川地质构造。1933年发表的《四川石油概论》，成为我国最早研究四川石油地质的著作。在同年发表的《扬子江上游河谷之成因》一文中，他首次提出长江上游金沙江的发展史，论证了云南石鼓虎跳涧附近金沙江袭夺红河的重要现象。

1934年，李春昱参加了家乡河南省公费留学考试，经初试和复试通过，获得了留学英国的资格。丁文江考虑到地质调查所精通德语的人很少，特别是从事构造、

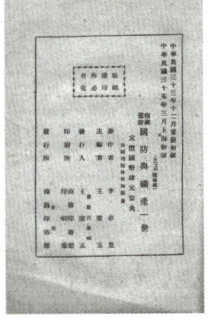

李春昱著作《国防与矿产》　　　　　李春昱撰写的部分论文

矿床的地质人员无人懂德语，因而建议李春昱改去德国，师从大地构造学家施蒂勒教授。李春昱考虑到丁文江的建议有利于我国地质事业的发展，毅然去教育部更换了留学证书。到了德国，言语问题在他的几个月努力下顺利解决。1937年，李春昱以"最优等"成绩通过博士论文答辩，获得理学博士学位。1934—1941年间，李春昱发表了《四川松潘灌县间地质概况》《四川省铁矿》《万县达县及梁山县地质矿产》《四川的煤矿问题》《四川钢铁资源》等大量论文，对四川地质矿产进行了详细的调查，为资源的开发和利用提供了重要的基础，也对今天四川的地质调查具有重要的参考价值。

1938年初，经翁文灏推荐，李春昱与常隆庆一起筹建四川省地质调查所，并着手对四川及西南地区地质矿产资源进行调查研究。1942年，李春昱被任命为中央地质调查所所长，他把濒临倒闭、工资都发不出的地质调查所，改造管理成当时亚洲一流的地质调查和科研机构。在繁重的管理工作中，他自己仍然坚持进行地质研究。这个阶段，李春昱开始着重大地构造的相关研究。1945年，他发表《中国大地构造之发展》，系统阐述了中国大地构造演化的基本特征。他在1948年发表的《中国中生代造山运动评述》和1950年发表的《四川运动及其在中国之分布》，分别对中国中生代大地构造演化及造山作用特征进行了科学论述，并提出独到见解。

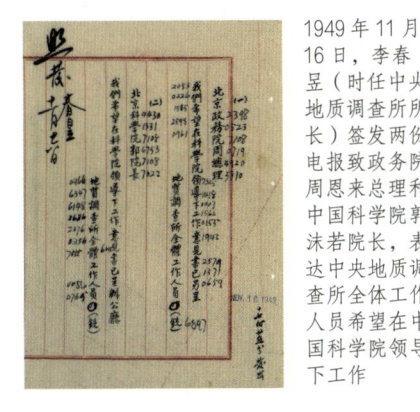

1949年11月16日，李春昱（时任中央地质调查所所长）签发两份电报致政务院周恩来总理和中国科学院郭沫若院长，表达中央地质调查所全体工作人员希望在中国科学院领导下工作

20世纪50年代开始，李春昱工作变动频繁，他奔走于祖国各地，承担了繁重的矿产普查勘探和区域地质调查的规划部署及技术指导任务。李春昱先后发表《从地质构造看中国石油》《1∶20万区测的构造

113

地质研究内容和编图方法》《关于构造地质学的研究在区测方面的一些意见》等文章，对各地区域地质测量队的工作进行实际指导，为我国地质调查和区域地质测量工作的开展做出了很大贡献。

板块构造学说在 20 世纪 60 年代后期出现，它的形成主要基于海底地质、地球物理的调查研究，该学说系统阐述了大洋盆地打开与

1949 年 4 月，中央地质调查所（李春昱时任所长）职工庆祝南京解放

闭合的动力学过程，所以后来有人将其称为"大洋动力学"。尹赞勋根据国外的文献阅读，系统地介绍了全球板块构造的相关内容。与尹赞勋不同的是，李春昱从一开始就侧重于板块构造学说在大陆地质研究工作中的应用。

1972 年，李春昱从陕北农村回到西安地质矿产研究所，很快就注意到了国外非常盛行的板块构造学说，他敏锐地看到板块构造学说对全球性地质构造所具有的重要意义。在阅读大量文献的同时，李春昱撰文向国内地质界介绍这一学说，并以此学说重新认识和探讨我国的重大地质构造问题。他以多种途径把板块构造理论介绍给地质同事和同行，并积极倡导将其应用于中国大地构造以及成矿作用、地震地质、地热等方面的研究。他先是发表文章《试谈板块构造》，系统介绍了板块构造学说的理论依据、基本特征与地槽、岩浆活动、造山作用及成矿作用之间的关系等内容，提出了对中国大陆上可能存在古板块构造现象的秦岭等几个地区进行研究的建议。他亲自带领西安地质矿产研究所的 6 位同事去西秦岭开展野外板块构造调查研究，发现了大陆内部古造山带中板块构造存在的重要证据：混杂堆积与蛇绿岩。1973 年，李春昱在《再谈板块构造》一文中，基于对祁连山和西秦岭的野外地质调查，指出了其发现的"构造混杂体"等重要地质构造现象。他结合大量资料进行研究后，得出板块构造学说同样适用于大陆内部古造山带研究的重要结论，这一结论打消了当时地质界普遍存在的关于"板块构造学说能否用于大陆地质研究"的疑虑。同时，他提出鉴别大陆内部古板块活动的八条标准，并运用这些标准研讨了相关地区的板块构造问题及找矿方向。1975 年他又在《地球物理学报》上发表《用板块构造学说对

1980 年，李春昱在呼和浩特内蒙局作板块构造相关报告

中国部分地区构造发展的初步分析》这篇具有划时代意义的学术论文。在之后的短短10余年间,他连续发表《板块构造及其与成矿关系》《地槽概念的演变和我们对地槽概念的新认识》《板块构造与多旋回构造运动》等一系列有关板块构造的论著近50篇。

把板块构造学说应用于大陆地质构造的研究,是前无古人的大胆实践,李春昱及时敏锐地认识到板块构造学说比其他任何大地构造学说都更科学地揭示了地球发展演化的动力学过程。同时,他又不盲目崇拜、生搬硬套,而是结合中国地质实际,强调板块构造学说是否适用于大陆地质构造研究需要通过实践检验,创造性地提出了古板块概念和在大陆上研究古板块构造的基本思路和工作方法。

1987年,李春昱工作中

1978年李春昱发表的《秦岭及祁连山构造发展史》运用板块构造学说对该地区进行了重建,认为它们的前身是一个大洋盆。他在1979年编制出《中国板块构造草图》,并基于该图撰写了后被广泛引用的《中国板块构造的轮廓》。1982年,在对中国大陆地质构造与成矿特征研究的基础上,李春昱提出把中国大陆以板块缝合带为中心划分为四个大构造成矿区,深化了对构造演化与成矿作用的研究,为推动板块构造学说在中国地质矿产等领域的应用做出了重要贡献。

李春昱的部分著作

1984年,李春昱在第二次北方板块构造与成矿作用工作协调与学术交流研讨会上

20世纪70年代,中国地质界的一件大事是编制并出版了比例尺为1:500万的《亚洲地质图》,该图的公开发行以及在国际地质大会上的展出,得到国际地质界的关注与好评。这是我国首次编制出版的巨幅国际性图件,获1982年国家自然科学一等奖。该图的编辑出版,正是李春昱积极努力争取的结果。为了能够立项,李春昱多次给当时地质总局写信,表述编制该图对国家和地质界的

115

1988年初李春昱工作照片

李春昱主编的《亚洲大地构造图》

重要意义。该项工作于1973年开始后，李春昱亲自指导并参加编制。当时李春昱的工作关系和家庭还都在西安，为了工作，他多次往返于北京和西安之间。在北京期间，他一人住在办公室的单人行军床上，夜以继日地工作，对于一位70岁高龄的老人来说，困难可想而知。《亚洲地质图》编制完成之后，李春昱又承担了比例尺为1:800万的《亚洲大地构造图》的主编工作。经过数年的努力，该图于1982年得以出版。该图当时是第一份以板块构造学说为指导编制的洲际大地构造图件，对亚洲大陆显生宙以来的板块构造格局及其演化进行了重建，在国内外地质界产生了巨大影响。以上两张图件的编制和公开发行，使国际地质界对中国地质学家刮目相看，极大地提高了中国地质界的国际地位和影响。

回顾李春昱从事地质工作的经历和他对中国地质事业的贡献，除了将板块构造学说创新性地应用到中国大陆地质构造研究外，他还进行了大量区域地质和矿产资源的调查研究。他一生脚踏实地、艰苦奋斗，为国家富强和民族振兴奉献了全部心血。在生命弥留之际，李春昱还在关心我国地质事业，他向子女表示最后的遗愿：将一生节俭积蓄的微薄存款贡献出来，奖励在板块构造研究方面有成效的年轻地质工作者，以促进中国地质事业的发展。

参考资料：

[1] 李锦轶.李春昱先生与中国地质事业[J].地质通报,2004.

[2] 钱伟长,孙鸿烈.20世纪中国知名科学家学术成就概览：地学卷：地质学分册[M].北京：科学出版社,2013.

[3] 舒良树.普通地质学[M].北京：地质出版社,2010.

[4] 潘云唐.李春昱先生传略[J].中国科技史料,1983.

[5] 金性春,严则.板块构造理论与中国主要大地构造学派[J].地质论评,1988.

（图片来源：中国地质科学院地质研究所）

知识链接

【板块构造】

20世纪40年代以来，出于对海洋和海底资源以及军事的需求，全球兴起了大规模的海底地质调查。到60年代中期，已经取得了大量成果，地质工作者的认识从陆地扩大到海底，形成了全新的洋陆认识观。随着海底地质知识的不断更新，海底扩张证据的不断积累，板块构造学说应运而生，地质学开始发生革命性变革。

板块构造学说认为岩石圈分裂成许多巨大块体——板块，它们被驮在软流圈上做大规模水平运动，致使相邻板块相互作用。板块边缘便成为地质活动（岩浆、地震、变质、变形等）最强烈的地带。板块的相互作用从根本上控制了各种内力地质作用、外力地质作用，特别是沉积作用的进程。板块构造说是关于全球构造的理论，对各种地质现象做出了较为合理的回答，刷新了以往的许多传统认知，成为统领地质学各学科的基本理论，把地质科学推进到一个新的高度。

【中央地质调查所】

1913年成立的中央地质调查所前身为农商部地质调查所，是中国建立的第一个国家级科研机构，也是中国第一个名副其实的科学研究机构，它代表了中国现代科学的起始，在中国现代科学发展史上具有举足轻重的地位。因上级主管机关名称的屡次变更，这个机构先后被称为工商部地质调查所、农商部地质调查所、实业部地质调查所、经济部中央地质调查所等。

丁文江、翁文灏、章鸿钊为该机构创始人，历任所长有丁文江（1913—1921）、翁文灏（1921—1938，其中1921—1926代理所长）、黄汲清（1938—1940）、尹赞勋（1940—1942，代理所长）、李春昱（1942—1950）等。在它成立后的几十年间，中央地质调查所在区域地质调查、矿产资源勘查、大地构造学、地震学、土壤学、古生物与古人类学等众多领域研究成果颇丰，是民国时期成立最早、规模最大、最具国际声誉的国家级调查与研究机构。

大地之子

中国地质学家
纳·科学剪辑

华南花岗岩研究的开拓者——徐克勤

简介：

徐克勤（1907—2002），安徽巢湖人。矿床学家，地质教育家。1934年毕业于中央大学地质系，1939—1944年赴美国明尼苏达大学留学，获硕士学位和博士学位。此后，长期在南京大学任教，曾任中国地质工作计划指导委员会委员、华东地质调查所筹备处主任等职。1980年当选为中国科学院学部委员（院士）。

他长期致力于地质学、矿床学、岩石学等领域的研究工作，尤其在华南钨矿地质、华南花岗岩等方面取得了开创性、具有重大影响的研究成果。他在江西首次发现了加里东期的花岗岩类，并组织领导了华南多时代花岗岩成因及其成矿作用关系的综合研究。

箴言：

我是中华民族炎黄子孙，理应为国效劳。

徐克勤（1907—2002）

徐克勤编撰的《江西南部钨矿地质志》

花岗岩是构成大陆地壳的基础，在地壳形成和演化历史中占有十分重要的地位。华南是太平洋成矿带的重要组成部分，花岗岩及相关矿产十分丰富，但对其成因、分布规律等相关问题的研究则开始较晚，说到华南花岗岩的研究发展历史，离不开徐克勤。他既是国际公认的钨矿地质权威，更是我国华南地区花岗岩类研究的开拓者。

1930年，23岁的徐克勤考入中央大学地质系，从此开始了他长达70多年的地质生涯。1934年大学毕业后，徐克勤进入中央地质调查所工作，先后多次考察江西钨矿地质，调查数十个钨矿产区，写成《江西南部钨矿地质志》，徐克勤也因此获得资助，1939年赴美留学深造。留学期间，他不仅考察了美国几乎所有的钨矿，还研究了世界各地的钨矿文献资料，在此基础上，完成了博士学位论文，并于1944年获得博士学位，奠定了他在国际钨矿地质领域的地位，是中国最早的钨矿专家。几年留学时光，他惜时如金，常常夜以继日，一心想早日学成归国，发展我国钨矿事业。

1945年，满怀报国之志的徐克勤，多次拒绝国外的高薪聘请，回到祖国。回国后即被聘任为中央大学地质系教授，1947年，他又出任中央大学地质系主任。1950年，徐克勤被任命为中国地质工作计划指导委员会委员，1951年任华东地质调查所筹备处主任。

新中国成立初期，百废待兴，徐克勤率领师生奔赴在地质找矿第一线，先后发现了安徽繁昌新屋里铜矿、安徽当涂马山硫铁矿、南京岔路口硫铁矿等。1957年，他发表《湘南钨铁锰矿矿区中矽嘎岩型钙钨矿的发现，并论两类矿床在成因上的关系》一文，为在华南黑钨矿区寻找矽卡岩型白钨矿提供了理论依据和范例。这一重要发现和研究成果，后来指导我国探明白钨矿的储量超过黑钨矿，并探明我国钨矿总储量为世界之首。

1957年，徐克勤在江西南部考察花岗岩与钨矿时，

徐克勤撰写的论文《湘南钨铁锰矿矿区中矽嘎岩型钙钨矿的发现，并论两类矿床在成因上的关系》

发现两个加里东期花岗岩体,这是南岭地区、也是整个华南首次发现的加里东期花岗岩。50年代后期起,徐克勤开始致力于华南花岗岩的研究。

花岗岩类问题历来是地质学的重大课题之一。我国华南地区的花岗岩类分布很广,对于它们的时代问题,地质界早有争议,但一直无人进行细致工作。早先,黄汲清在其所著《中国主要地质构造单位》一书中曾预言华南若干片麻状花岗岩可能属于加里东期,但也没有确凿证据。1957年,徐克勤在江西南部考察花岗岩与钨矿时,发现两个加里东期花岗岩体,这一新发现在国内引起了轰动,有人赞同,更有很多人怀疑。持怀疑态度者认为"这是在错误的地点进行了错误的观察"。甚至有人讥讽说"在南岭地区要想找到加里东期花岗岩是异想天开"。花岗岩研究遇到了很大的阻力。

徐克勤(右二)与徐树桐(左三)等人在大别山地区考察

1976年,徐克勤(右)与矿床教研室阮惠础(左)、郑素娟(中)观察岩心

面对一片反对和质疑的声音,徐克勤没有气馁。那时,国内同位素测年技术尚未普及,想要解决花岗岩的时代问题主要靠地质证据。徐克勤跋山涉水,走进荒无人烟的深山老林,通过调查找到大量的矿石标本,论证自己观点的科学性。1958年,徐克勤和郭令智在皖南休宁发现雪峰期花岗岩,为华南多旋回花岗岩类存在扩大了前景,其总结性论文《华南多旋回花岗岩类的侵入时代、岩性特征、分布规律及其成矿专属性的探讨》引起国内外地质界的极大关注。

1960年,徐克勤等人在《地质论评》上发表了《江西南部加里东期花岗岩的发现》一文,详细记录了在南康龙迴鹅公头剖面和上犹陡水上犹江南岸剖面发现的花岗岩地质特征及其与泥盆系地层的接触关系。文中所述的加里东期花岗岩在当时还都没有同位素年龄的证据,是完全凭地质证据确定的。徐克勤推测南岭一带加里东期花岗岩可能分布很广,并且初步将加里东期花岗岩分为早晚两期,江西武功山地区的片麻状花岗岩应该是加里东早期的花岗岩,而龙迴花岗岩、陡水花岗岩、诸广山花岗岩,以及八面山花岗岩等则是加里东晚期花岗岩的代表。他还注意到,加里东期的花岗岩一般不含钨锡矿化，而这一点显然是与燕山期花岗岩的不同之处。

1962 年，徐克勤在广州地质普查会议上作《论华南四大旋回花岗岩》报告，初步确立了华南存在雪峰期、加里东期、印支期和燕山期四大构造旋回花岗岩体系，引起地质学界重视并得到与会专家广泛认可，1964 年，被列为全国十大科技成果之一。1966 年，国家科委专门出版了徐克勤及其团队撰写的《华南不同时代花岗岩类及其与成矿关系研究》。

20 世纪 70 年代，花岗岩分类成为国际花岗岩研究的热点领域，徐克勤的工作也同样处在这一领域的最前沿，达到世界先进水平。他 1972 年发表《花岗岩类与成矿关系，兼论内生矿床的成矿物质来源问题》，提出花岗岩成因类型的重要构想，与当时国际上另外两个花岗岩分类方案呈三足鼎立之势，产生深远影响。徐克勤深入研究华南等地矿床与花岗岩类的关系，进一步发现花岗岩形成的年代不同，所含矿种也不同。例如，金矿和老花岗岩有关，钨矿和新花岗岩有关，为矿床地质研究提供了新的思路。1980 年，徐克勤提出华南花岗岩的两个主要成因类型——"同熔型"和"改造型"，并很快得到广泛认可和应用。

1995 年起，针对国际花岗岩研究进展和华南地域特色，华南花岗岩研究的重点转向花岗质岩浆形成的构造背景、岩浆作用过程、花岗岩形成与地壳演化、花岗岩成矿系列等内容。徐克勤及其团队针对这些重大问题实施综合研究，首次建立了华夏地块中生代花岗岩成因的两阶段消减—伸展模式，阐明了"特提斯－太平洋"构造域的转换关系，确证了华夏地块晚中生代伸

徐克勤撰写的论文《江西南部加里东期花岗岩的发现》

徐克勤（中）在工作中

论花岗岩的成因系列——以华南中生代花岗岩为例

华南两个成因系列花岗岩及其成矿特征

展构造背景，解决了花岗岩成岩成矿动力机制和赋存空间的关键问题，深入揭示了壳幔相互作用、岩浆混合作用与花岗岩成因的"物源"关系，以及大规模花岗岩浆形成的"热源"问题。该项研究涉及构造地质学、岩石学、矿物学、矿床学等多个领域，从根本上确立了华南多时代多旋回花岗岩体系；发现和总结了华南多时代花岗岩的继承、演化和发展规律，并把花岗岩形成与地壳演化有机联系起来；揭示了华南多时代花岗岩类与金属矿床成矿作用的关系，阐明了花岗岩的成矿效应；深入探讨和系统划分了华南花岗岩的成因系列和成因类型。因此，这项研究成果不仅在花岗岩学术前沿上不断取得了理论创新，而且为寻找和开发相关矿产资源提供了科学指导依据。

1987年12月，徐克勤（一排左四）和涂光炽（一排左三）出席在广州召开的国际花岗岩成岩成矿作用学术会议时合影

徐克勤（中）、郭令智等主持的"华南花岗岩地质、地球化学及其成矿规律的研究"获1982年国家自然科学二等奖

1988年11月，徐克勤等人在南京501矿床顶峰眺望长江。左起：李文达、涂光炽、张祖还、徐克勤

1983年春，徐克勤（前排中）与花岗岩研究所教师及研究生考察广西大厂锡矿

从1957年至今，华南花岗岩研究日益发展，大体经历了三个阶段：第一阶段始于20世纪60年代，重点研究华南花岗岩的时空分布，证实华南存在多旋回的花岗岩，不同的造山旋回伴有相应的花岗岩；第二阶段为20世纪70年代至80年代，研究花岗岩的成岩物质来源，不同成因类型花岗岩形成的构造环境及其岩石地球化学标志，起步较早，基本上与国际研究同步；第三阶段始于20世纪90年代至今，着重研究壳幔作用与花岗岩成因，例如研究玄武岩浆底侵作用与花岗岩的成因联系，以及岩浆混合作用与花岗岩成分多样性的原因。

徐克勤不仅是华南花岗岩研究的发起者、

组织者和领导者，更在这项研究的发展进程中起到了开拓、创新和构建理论体系的关键性作用。正如涂光炽院士在纪念徐克勤百年诞辰之际所评价："20世纪80年代是中国也是世界花岗岩研究的高峰期，举凡花岗岩分类、成因、形成机制、结晶分异、有关矿化等问题都得到较系统的整理与提高，都有着较完备而不是零碎的理论体系，确实做到了人才辈出、成果累累。这一高峰的到达是来之不易的，而徐老则起着不可或缺的指路人及掌舵者的作用……徐老虽然已经离开我们了，但他所开创的'花岗岩事业'已经在中国土地上生根发芽，成长壮大，并将永远屹立于全球地学学术丛林之中。"

徐克勤在工作中

1996年，89岁的徐克勤还坚决要去矿山视察，他认为祖国的宝藏是两条腿跑出来的。从事地质工作70余年间，徐克勤坚持尊重事实依据的科学原则，勤奋学习，锲而不舍，博采众长，为我国地质事业和地质科学的发展、地质人才的培养做出了重要贡献。以徐克勤为首的南京大学地质系华南花岗岩研究项目，不仅因其重大成果攀登了学术上的高峰，也突出地反映了徐克勤作为一个优秀地质学家的远见卓识和作为一个科研领军人物的气魄、信心和组织能力。他知道，花岗岩是大陆地壳演化的产物，因此敏锐地预见到花岗岩及其成矿作用的研究绝不仅仅是岩石学、矿床学领域的工作，所以他不仅发动矿床学、岩石学、矿物学、地球化学等学科的教师参加，而且还组织构造地质学甚至古生物学的师生共同参与。华南花岗岩的研究能够取得重大进展和成果，是与徐克勤组织地质系全系师生大兵团作战、多学科配合组成强大的研究集体分不开的。

参考资料：

[1] 王德滋.华南花岗岩研究的开拓者：纪念徐克勤院士逝世一周年[J].高校地质学报,2003.

[2] 钱伟长,孙鸿烈.20世纪中国知名科学家学术成就概览:地学卷:地质学分册[M].北京：科学出版社,2013.

[3] 朱煊.踏遍青山：记中科院院士、地质学家徐克勤[J].档案与建设,2001.

[4] 王德滋.华南花岗岩研究的回顾与展望[J].高校地质学报,2004.

[5] 舒良树.普通地质学[M].北京：地质出版社,2010.

[6] 华仁民.徐克勤传[M].北京：科学出版社,2017.

（图片来源：南京大学档案馆、《徐克勤传》、中国科学院地球化学研究所）

知识链接

【钨及其合金】

钨及其合金是现代工业、国防及高新技术应用中极为重要的功能材料之一。钨的熔点高达 3410℃，因此极耐高温。其硬度也在金属中名列前茅，故有"工业牙齿"之称号。钨广泛应用于航天、原子能、船舶、汽车工业、电气工业、电子工业、化学工业等诸多领域。钨在军事工业上有着特殊意义，含钨的高温合金主要应用于燃气轮机、火箭、导弹及核反应堆的部件，高密度的钨基合金则用于反坦克和反潜艇的穿甲弹头。钨在自然界产出的重要矿物均为钨酸盐。含钨的矿物种类有限，如今在地壳中仅发现 20 余种，但其中具有开采经济价值的只有黑钨矿和白钨矿两种。黑钨矿又称钨锰铁矿，含三氧化钨 76%；白钨矿也叫钙钨矿，含三氧化钨 80.6%。二者之中尤以黑钨矿易于辨认、开采和利用。

【花岗岩】

花岗岩是在地表以下由高温熔融状态的岩浆冷凝结晶而形成的一种火成岩，主要由长石、石英和云母等矿物组成。花岗岩不仅是大陆地壳的主要组成部分，而且与许多金属矿产的形成密切相关。因此，花岗岩成因及相关的成矿作用历来都是国际地学界研究的热点和前沿。花岗岩有狭义和广义之分。狭义的花岗岩是指碱性长石≧斜长石，而石英含量约占矿物总量 1/3 的岩石。广义的花岗岩是指石英含量介于 20%—60% 之间的侵入岩，包括碱长花岗岩、正长花岗岩、二长花岗岩、花岗闪长岩和英云闪长岩等岩石及其对应的浅成岩，统称花岗岩类。

【华南花岗岩】

华南拥有巨大规模的花岗岩，主要分布在中国东南部地区，其规模世界罕见。这种火成岩的成分比例无法用传统地幔岩浆熔离结晶理论来解释。华南花岗岩与中生代花岗岩类有关的矿产极其丰富，为地质历史之最，有全国最大规模的花岗质火山岩型铀矿和花岗岩型铀矿、大规模的花岗斑岩型铜矿等。我国学者经过半个多世纪的不懈研究，在花岗岩的形成时代、成因类型、形成机制、规模与分布、时空演变、花岗岩成矿等方面，取得了令全球瞩目的重大研究成果，并有效地指导了华南地区的找矿勘探工作。

大地
之子
中國國寶級學者
何科學特寫

中国变质岩石学和变质地质学的主要奠基人——程裕淇

简介：

程裕淇（1912—2002），浙江嘉善人，地质学家、变质岩石学家、矿床学家。1933年毕业于清华大学地学系，1938年获英国利物浦大学哲学博士学位。曾任中国科学院地质研究所副所长，地质部地质研究所所长，中国科学院副院长、名誉院长等职。1955年当选为中国科学院学部委员（院士）。

他是中国变质地质学、前寒武纪地质学的主要奠基人。首次提出区域渐进变质带，完善变质岩分类命名，对全国前寒武纪地质全面总结，最早发现云南磷矿，长期从事铁矿成因、铁矿类型的研究，开启了理论找矿的序幕。

箴言：

野外工作与室内工作相结合，调查与研究相结合，点与面相结合，宏观与微观相结合，直接观察与间接观察相结合，体力劳动与脑力劳动相结合，理论与实践相结合，不同科学技术方法紧密结合。

程裕淇（1912—2002）

变质岩石学是岩石学中一个重要分支，变质地质学是在变质岩石学基础上发展起来的，研究变质地层、变质岩石、变质作用演化、变质成矿作用的综合学科。变质岩石学和变质地质学是研究地球的组成、演化和历史必不可少的一门学科。提及中国变质岩石学及变质地质学的发展，有一位地质学家绝不能缺席，他就是我国变质作用和变质岩石学研究的主要奠基人——程裕淇，同时也是我国前寒武纪地质学的主要奠基人。

　　程裕淇出生在浙江嘉善县一个塾师之家，5岁就读于程氏私立的秉义小学，后进入县立第一高级小学，成绩名列前茅。1923年，他进入浙江嘉兴市省立第二中学读初中，并在四年后转入杭州浙江省立第一中学念高中。1929年，时任地质调查所所长的翁文灏倡议清华大学创设了地理系，程裕淇以通信报名方式报考被录取。由于这个系是在地质学家翁文灏等人的倡议下发起成立的，所以该系中地质学教员越来越多，并最终在1932年扩充为地学系，下设地理、地质、气象三组。

　　1933年，大学毕业的程裕淇如愿考入地质调查所，并在谢家荣带领下调查安徽当涂、铜陵、繁昌和江西九江等地的铁铜矿。随后，又到安徽庐江大矾山调查明矾石矿。1935年，他发表了《安徽庐江明矾石矿地质研究》报告，并参与以谢家荣为首，加上孙健初、陈恺共4人撰写的巨著《扬子江下游铁矿地质志》。同年，程裕淇通过留学考试赴英留学，并在出国留学前完成了与谢家荣合著的《福建安溪永春永泰地质矿产》和《湖南中部铅锌矿地质》，以及与熊永先合著的《湖南沅陵县柳林汊金矿地质》。

　　在利物浦大学期间，程裕淇主攻变质岩石学，完成《变质作用》课程学习，观察大量岩石矿物薄片和相关标本，并做了力学分析和描述，除了变质岩外，他还对部分岩浆岩和沉积岩进行了描述和分析。他在英国开展的有关变质作用反应原理和混合岩化的研究，引起当时国际地质界的重

1934年底，程裕淇在湖南野外工作中

视。之后，他把混合岩的概念和研究方法引入国内，并加以推广和应用。

1939年，回国后的程裕淇赴康定附近地区开展工作，在道孚发现了古生代变质火山岩系，经研究是石炭—二叠纪灰岩受花岗闪长岩侵入，形成大理岩及接触交代变质矿床。1940—1941年，程裕淇前往湖南沅陵、桃源作金矿地质调查，研究晚前寒武纪变质岩，在四川首次发现丹巴渐进变质带。1943年，他发表《西昌丹巴附近的渐近区域变质带》，首次报道了中国发育较完善的区域变质带，并提供了"等化学系"概念在变质带研究中应用的实例。在此阶段，中国有关变质岩的工作开展很少，虽然在部分调查过程中划分出一些变质岩系地质单元，也识别出些许变质作用叠加现象，但是尚未对变质作用的过程和机制进行深入探究。程裕淇在丹巴的渐进变质带研究是这一时期的亮点工作，是对巴罗型递增变质带的发展。

1938年，程裕淇（中）在利物浦大学获得博士学位时与同学合影

1959年，程裕淇在办公室工作中

1949—1978年间，全国开展大规模经济建设，急需摸清矿产资源的家底，变质岩区的普查和找矿也蓬勃开展，在此背景下的变质作用研究和教育均以服务区域地质及矿产普查为目的。程裕淇深知变质岩区工作的复杂性和难度，在理论上和方法上必须予以支撑，为此，他组织同行共同编写了《变质岩的一些基本问题和工作方法》一书，详细阐述了变质岩和变质作用的一些基本问题，提出区域变质和接触变质之间存在过渡类型的观点，介绍了混合岩化作用的理论、宏观与微观特征，以及与区域变质作用之间的关系。该书首次提出了一个全面而统一的区域变质岩和混合岩合理分类命名方案，规范了变质地层划分群、

1963 年出版的《变质岩的一些基本问题和工作方法》

程裕淇撰写的论文《略论我国不同变质时期的变质岩系、变质带和若干有关问题》

组,杂岩的含义和准则,详细介绍了变质岩区研究的野外和室内工作方法。这一时期程裕淇等人编著的《变质岩的一些基本问题和工作方法》是指导区域地质调查的重要参考书,为促进和提高变质岩分布区区调和普查的研究程度起到了重要作用。

1965 年后,程裕淇又提出"混合岩系列"概念,对不同类型的混合岩化作用按地质背景做了分类,创造性提出区域混合岩作用和边缘混合岩化作用的概念,提出混合岩化作用成矿的观点,进一步扩展了混合岩研究的广度和深度。

20 世纪 80 年代,中国变质岩研究开始全面兴起,在变质岩的多个分支领域均有不同程度的研究工作。多国对大别超高压的合作研究让国内学者从区位优势站到了超高压研究的前沿。程裕淇在 1982 年发表的《略论我国不同变质时期的变质岩系、变质带和若干有关问题》和 1986 年与杨遵仪、王鸿祯合著的《中国地质》一书的有关章节中,论述了我国不同变质时期变质岩系、变质带分布特点、演化规律和影响变质深度的控制因素,探讨了多期变质作

1981 年,程裕淇在吉林考察时用放大镜认真观察岩石标本

用和同期变质作用的多阶段问题和双变质带问题,并在此基础上编绘了不同变质时期变质岩系和变质带分布略图,以时空演化为框架,探讨全国变质岩和变质作用的演化规律,为变质作用与大地构造之间进一步的联系打下了良好基础。

1985年,在程裕淇指导下,董申保、沈其韩院士等主编的1:400万比例的《中国变质地质图》正式出版,该图吸取国际变质图编制的先进经验,结合中国变质岩石学、变质矿床地质学等方面的成果,以多旋回构造理论为依托,集中展示了中国各个时代、各种类型变质带、变质相系和相组,堪称我国变质地质学发展的里程碑。现如今,变质岩的研究已经从变质岩石学转变为变质地质学,已经从单一的岩石学研究转变为以变质岩为基础,变质矿物、地球化学、同位素地质、构造地质等多学科的综合研究。

1998年5月,程裕淇在河北阜平吴家庄附近太行山削壁顶考察太古宙变质岩

在70多年的地质工作生涯中,程裕淇坚持理论和实践相结合、科研和生产相结合、宏观与微观相结合,勇于开拓、不断创新。除却在变质地质学的研究方面,他还取得了以下成就:开拓了我国前寒武纪地质研究;参与领导了有关全国地质工作和地质科学技术发展规划的制定;指导了一些重大地质勘查和科学研究

1984年8月,程裕淇参加第27届国际地质大会期间在乌克兰野外考察,用显微镜观察样品

1998年,程裕淇在大别山双河附近对超高压变质岩进行观察

2000年5月，88岁的程裕淇在太行山阜平地区指导野外研究工作

项目的筹划和实施；倡导了省级地质志的编纂和地质矿产系列成果的出版工作；积极倡导和支持同位素地质、古地磁研究及实验室建设；倡议制定地质矿产资源法，推动我国的地质、矿产资源的法治建设。他为我国地质事业的发展做出了卓越贡献。

参考资料：

[1] 潘云唐.我国变质岩石学、前寒武纪地质学和矿床地质学的一代宗师：程裕淇院士[J].矿物岩石地球化学通报,2018.

[2] 程裕淇,庄育勋,沈其韩.变质作用研究的回顾与展望[J].地学前缘,1998.

[3] 沈其韩,耿元生,宋会侠.近70年中国变质岩石学—变质地质学的研究进展[J].地球科学,2018.

[4] 张立飞,吕增,魏春景.中国的变质岩石学研究与发展[C]// 国际地质科学史专业委员会,中国地质大学,中国地质学会地质学史专业委员会.第40届国际地质科学史学术研讨会论文摘要汇编,2015.

[5] 钱伟长,孙鸿烈.20世纪中国知名科学家学术成就概览：地学卷：地质学分册[M].北京：科学出版社,2013.

（图片来源：中国地质科学院地质研究所）

知识链接

【变质岩】

变质岩是早先已形成的岩石遭受变质作用的产物，因此，其化学成分一方面与原岩有密切关系，另一方面又和变质作用的特点有关。变质岩是自然界最主要的岩石类型之一。形成变质岩的主要变质作用有两大类：一是动力变质作用，岩层在构造活动带受到强烈挤压和高温影响；二是区域热变质作用，岩层受到大规模岩浆侵入或火山喷发（主要是热烘烤）影响。

【等化学系】

即等化学系列，是指具有同一原始化学成分的所有岩石，矿物组合的不同，是由变质作用类型和强度决定的（化学成分相同或基本相同的岩石，在不同的变质条件下形成的所有变质岩）。属于一个等化学系列的岩石，由于变质条件不同，可具有不同的矿物共生组合。比如基性岩石在区域变质条件下，随着变质程度增加，出现绿片岩→绿帘角闪岩→角闪岩→斜长石→辉石麻粒岩，构成一个等化学系列；泥质岩则形成板岩→千枚岩→片岩→片麻岩系列，它们都属于一个等化学系列。

变质作用过程中，原岩的矿物成分、结构构造都会发生改变，甚至变得面目全非。然而，一般变质作用则基本不改变原岩的主要化学成分。即使是异化学变质，也或多或少可追索出原岩化学成分变异的某些特点，因而变质岩化学成分是恢复原岩和划分对比变质地层的重要标志。

大地
之子

中国地质学家
的科学征*

中国沉积学的开拓者和奠基人——叶连俊

简介：

叶连俊（1913—2007），山东日照人，地质学家、沉积学家、沉积矿床学家。1937年毕业于北京大学地质系，1945年公费赴美进修，1947年回国，主持建立我国第一个水文地质工程地质研究室，1953年创建我国第一个沉积学研究室，1960年在国内建立第一个有机地球化学实验室，1979年创建中国沉积学会，曾任中国科学院地学部副主任等职。1980年当选为中国科学院学部委员（院士）。

他先后提出"外生矿床陆源汲取成矿""工业磷块岩物理富集成矿""沉积矿床多因素多阶段成矿""生物有机质成矿"等学说，对化学地史、沉积成矿系列、成矿序列、成矿周期、成矿时代成因、沉积建造、沉积盆地分类等方面都提出过一系列新概念、新观点，在沉积学界具有广泛影响。

箴言：

合作乃创新，协作事业兴。

叶连俊（1913—2007）

1956年7月，中苏合作黑龙江流域综合考察队小兴安岭地质队在勃拉戈维申斯克（海兰泡）同苏方商谈工作计划后，当地工作者同中方人员一起。中方右起：姜春潮、侯德封（中国科学院地质研究所所长、小兴安岭地质队学术指导）、叶连俊（中国科学院地质研究所沉积室主任、小兴安岭地质队队长）、孙枢

20世纪50年代侯德封（左一）和叶连俊（右一）等人在野外科学考察中

沉积学是研究沉积物和沉积岩及其形成过程的一门地学分支学科，是在地层学的基础上发展起来的。在矿产资源日趋紧张和生态保护日益重要的今天，沉积学在矿产资源的勘查与开发、人与自然和谐发展等领域的研究，发挥着不可替代的作用。我国沉积学的研究开展较晚，不过一旦说起沉积学的发展，则不得不提一位重要人物——叶连俊。

叶连俊生于山东日照的一个渔村，年少时随父母辗转各地，先后就读于青岛铁路中学、济南齐鲁中学、济南齐鲁大学附属中学。1933年毕业于济南第一高中，同年考入北京大学地质系，师从李四光。1937年，叶连俊从北大毕业，时值抗日战争，他怀着抗日救国的赤子之心，考入中央地质调查所，为祖国进行矿产资源调查，从此开始他地质报国的漫漫长路。1945年他考取公费赴美进修，1947年回国后主持建立了我国第一个水文地质工程地质研究室，1953年创建我国第一个沉积学研究室。

1949年后，国民经济建设迅速发展，对各种矿产和油气资源的需求量也大增，随着能源资源如石油、天然气和固体矿产如铁、锰、铝、磷、煤等矿产地质勘探事业的迅速发展，有关沉积学的研究也大量开展起来。叶连俊长年累月奔波在祖国的河川、平原和崇山峻岭，先后对治淮工程、临江大栗子铁矿、天水—成都铁路线、小兴安岭地质、放射性矿床、石油和地下核试验工程等进行了大量的地质调查和研究，为解决经济建设中的许多重大问题做出了重要贡献。

由于钢铁工业对锰矿石的需要，国家开展了对锰矿床的大规模找矿工作。20世纪50年代初，叶连俊与侯德封合作，对我国沉积锰矿进行研究，在湖南湘潭找到了丰富的深部原生矿藏，使濒于枯竭的湘潭锰矿成为当时我国最大的锰矿床，不仅明确了我国锰矿找矿勘探工作的方向，同时促进了我国沉积学的发展，成为通过沉积学研究发现具有重大经济价值矿床的成功范例。

叶连俊关于中国锰的沉积条件的研究，也带动了沉积的铁、铝、磷矿的研究，形成了不少基于沉积作用的规律性的分析和总结。沉积岩石学和沉积学的研究也受到了有关部门的重视，许多单位建立起专门的沉积岩实验室，开展关于沉积岩矿物学和结构学的研究。50年代初，叶连俊在中国科学院地质研究所建立了我国第一个沉积学研究室，设置了相应的研究组和实验室，对我国沉积学的发展起了开拓和推动作用，大大加强了对金属矿床和油气的研究，开始了对矿床沉积环境与地质背景及其分布专属性的探讨。

从1958年开始，叶连俊对中国磷矿资源进行了长期的调查研究，足迹遍布晋、冀、鲁、豫、陕、云、贵、川等地，在对外生矿与造海运动、古地理、有机质以及物理化学条件关系所取得的大量实际地质资料进行理论总结后，提出了极具中国特色的"外生矿床陆源汲取成矿论"，并于1963年发表，详细论述了我国外生矿床在成矿时间性规律、空间性规律和成矿条件三个方面的形成特点。该理论在分析国内几十个矿床几百条含矿岩系的剖面后，还说明了不同矿种以及同一矿种的不同类型都有其特有的含矿岩系、岩类组合及岩性序列，一定的矿种在一定含矿岩系的岩性序列中都有其特定的位置，含矿岩系多直接发育在大的侵蚀间断面或假整合面之上的道理。该理论还认为，成矿的基本环节是在海进过程中，陆源风化物质在有机质存在的情况下海解，成矿物质被海洋底水汲取，然后在物理化学条件的变革过程中重新沉积而成矿。

叶连俊还把外生成矿的自然过程分为几个不同阶段：一是大陆阶段，细分

叶连俊在地质考察现场

叶连俊（右一）在野外地质考察中

为陆源风化阶段和表生成岩变化阶段；二是海洋阶段，细分为海解阶段和淀积成矿阶段。并明确指出，"陆源汲取成矿论的关键内容是陆源风化壳及沉积风化壳的被海解，而有机质的参与和存在是海解作用得以有效进行的必然内容"。这是我国第一个比较系统、全面论述的沉积成矿学说，在中国沉积矿床学界有广泛影响。

20 世纪 70 年代是我国沉积学大发展的时期，我国的沉积岩石学已基本上摆脱了传统的以描述和直觉经验总结为主的研究方式，步入有严格的科学逻辑推理、有完整而系统的理论为指导、有科学实验检验的沉积学。1977 年，叶连俊完成《沉积矿床成矿时代的地史意义》，初步揭示了沉积成矿地史演化规律和成矿时代成因的本质。

1979 年，中国矿物岩石地球化学学会沉积学会成立，中国地质学会成立了沉积专业委员会，叶连俊任中国沉积学会理事长。1982 年，我国首次组团参加了在加拿大召开的第 11 届国际沉积学大会，展示了我国的研究成果，会上叶连俊当选为国际沉积学家协会理事。此后，我国地质学家先后在国际沉积学家协会、国际地科联沉积委员会、全球沉积地质委员会中任理事及委员等重要职务，我国的沉积学研究逐渐与国际接轨，并参与了国际这一学术领域的重要发展与决策事项。同时，沉积学领域的国际交流、合作研究及互派学者也愈加频繁，我国的沉积学研究愈来愈受到国际的重视。

1983 年 1 月《沉积学报》创刊，叶连俊为其撰写的发刊词

叶连俊等著的《华北地台沉积建造》

1980年，叶连俊在第二届全国矿床会议上作专题报告，论述了物理富集作用在沉积矿床形成过程中的重要地位。他以磷矿形成为例，指出沉积矿床的形成不是单一因素一次反应的产物，而是多因素多阶段复杂过程的产物，其间至少要经过成矿物质汲取浓缩阶段、地球化学富集阶段、物理富集阶段才能形成工业矿床。

叶连俊（右一）作专题报告

专题报告结束后，又经过几年的调查研究和大量实际例证的累积，他于1986年正式发表《工业磷块岩物理富集成矿说》。该理论认为，地壳相对稳定、造海运动相对活跃、干燥湿润的低纬度地区、大气成分相对缺氧等条件是重要的成磷背景。成矿的原始物质来源是陆源汲取和海相沉积物中的有机质，直接的沉积来源是陆架区的富磷孔隙水和底水。成磷过程是多因素多阶段的，并根据磷矿物质来源新的资料事实，进一步阐明"陆源汲取"与"有机成矿"和"富磷孔隙水成矿"的过程与更替。

之后，叶连俊将研究范围拓展到铁、锰、铝、铜等典型矿床上，并和磷块岩矿床资料一起，从成矿地质背景、成矿环境、成矿作用和过程等方面进行全面剖析和理论总结，于1989年提出了"沉积矿床多因素和阶段成矿论"。

叶连俊很早就注意到生物有机质对成矿的重要性。1960年他就率先建立了我国第一个有机地球化学研究实验室，开创并有力推动我国沉积学和有机地球化学的研究。1988年起，叶连俊多次提出要加强"生物有机质成矿"研究，强调目前"迫切需要研究生物成矿作用，发展沉积矿床学的理论，指导找矿勘探，把沉积矿床学引向一个新的发展阶段"，并建议国家开展"生物成矿作用和成矿背景研究"。1992年，国家自然科学基金重点项目"生物成矿作用和成矿背景"获批，叶连俊组织来自四所三校共60多人参与的科研团队进行五年攻关，采用地

进行野外工作的叶连俊

叶连俊（左二）（右一）在野外指导工作　　工作中的叶连俊

质学、生物学和地球化学等多学科交叉协作与综合研究，在生物成矿标志、生物成矿过程与地质背景研究方面迈上了国际舞台，取得了突破性进展，确认成矿生物中最重要的是菌藻类生物，其作用在成矿过程中无处不在。

纵观叶连俊沉积成矿理论研究的主线，可以发现紧密关联的三个重要环节：成矿来源—成矿作用过程—成矿预测。其中，"外生矿床陆源汲取成矿论"侧重强调成矿来源问题，"工业磷块岩物理富集成矿说""沉积矿床多因素多阶段成矿论"和"生物有机质成矿说"侧重强调成矿作用过程与因素，而"沉积矿床成矿时代的地史意义"则侧重强调成矿预测问题。

半个多世纪以来，叶连俊始终坚持在科研工作第一线。他对学科的发展趋势非常重视，及时捕捉研究的关键问题，并提出新的研究领域，不断推动着沉积成矿学说理论体系的建立。2007年，叶连俊以94岁高龄辞世。他漫长而光辉的一生，为我们留下了丰硕的科研成果和宝贵的精神财富。

参考资料：

[1] 叶连俊,孙枢,郭师曾.六十年来中国沉积学发展的回顾和展望[J].地质论评,1982.

[2] 王清晨.探索叶连俊先生理论创新之路[J].沉积学报,2013.

[3] 叶连俊教授地学研究五十年[J].沉积学报,1987.

[4] 刘宝珺.中国沉积学的回顾和展望[J].矿物岩石,2001.

[5] 王成善,林畅松.中国沉积学近十年来的发展现状与趋势[J].矿物岩石地球化学通报,2021.

[6] 叶连俊,孙枢,李继亮.中国的沉积学进展与展望[J].矿物岩石地球化学通讯,1988.

[7] 钱伟长,孙鸿烈.20世纪中国知名科学家学术成就概览：地学卷：地质学分册[M].北京：科学出版社,2013.

（图片来源：中国科学院地质与地球物理研究所）

知识链接

【沉积岩】

在地壳表层，由各种沉积作用形成的沉积物，在逐渐被埋藏过程中，经成岩改造而形成的岩石称为沉积岩。沉积岩的形成过程常分三个阶段：沉积岩原始物质的生成阶段（主要是母岩风化）；沉积岩原始物质向沉积物的转变阶段；沉积物的固结和持续演化阶段。

【锰在工业上的作用】

1. 锰是钢铁工业不可缺少的原料。在炼钢时，必须在钢水中加入少量的锰，这样才能增强钢的硬度、韧性及延展性和耐磨能力。锰钢是制造机器、船舶、车辆、铁轨、桥梁、武器等所必需的材料。炼钢时，还需要锰作还原剂，用以脱氧、脱硫，提高钢材的质量和产量。因此炼钢不可以没有锰。

2. 锰可用于制造合金。锰可以与铜、镍、铝、钴等混合冶炼成多种合金，用于制造机械的部件及飞机、轮船上的部件。

3. 氧化锰也叫软锰矿，是制造干电池的原料。氧化锰在陶瓷、搪瓷生产中可用于消除绿色，还可用于釉的着色剂，在玻璃生产中用于消除绿色及制造深色玻璃等。

4. 锰还可以用于生产多种化学化合物，如硫酸锰、碳酸锰、高锰酸钾等，可以进一步用作化学试剂、医药、染料、油漆、合成工业方面的原料。

【成矿预测】

成矿是生物作用、物理作用和化学作用的相互制约而造成的，有"时间定位"，还有"空间定位"，成矿预测就是要搞清楚成矿的时空定位问题。"空间上的演变，导致成矿系列的带、域展布，时间上的演变，导致成矿序列、成矿组合及成矿周期的形成。成矿的空间定位与时间定位的综合就是成矿预测的主要依据"。

大地之子

中国地质学家
的科学精神

中国地史学事业的奠基人——王鸿祯

简介：

王鸿祯（1916—2010），山东苍山人，古地理学家、地层学家、古生物学家、大地构造学家。1939年毕业于北京大学（西南联合大学）地质系，1947年获英国剑桥大学博士学位。历任北京大学教授、北京地质学院副院长、武汉地质学院院长、中国地质学会副理事长、地质学史研究会会长、中国古生物学会理事长、国际地科联地质科学史委员会副主席等职。1980年当选为中国科学院学部委员（院士）。

他在古地理学、大地构造学等领域取得了重要成果，在地层古生物和古地理方面，建立了四射珊瑚的系统分类和演化阶段，提出了以年代地层和岩石地层为主的地层分类观点，出版了《中国古地理图》，提出了层序地层的分类级别体系及其与天文周期之间的可能联系；在大地构造和全球构造方面，提出了构造名词体系和中国及全球的构造单元和构造阶段的划分，进行了全球古大陆再造研究，提出了以泛大陆为准的大陆聚散周期和地球史上不同类型和级别的地球节律具有普遍性的认识，由此形成了全球构造活动论和历史发展阶段论相结合的地球史观。

箴言：

究天人之际，通古今之变，探生命之微，窥造化之奇。

王鸿祯（1916—2010）

地史学，也称历史地质学，是研究地球发展历史和发展规律的科学，其研究对象主要为地质历史中形成的地层（包括无机界和有机界的物质记录）以及反映地球发展历史的其他物质记录，研究内容涉及地球的形成、生命的起源、生物的演化、古地理的变迁、板块的离合以及地球不同圈层的相互作用等。地史学是地质科学奠基性的基础分支学科，在我国区域地层系统的建立和地质事业的蓬勃发展中发挥了巨大作用。20世纪初，中国地史学研究仅限于少数外国学者对中国资料的搜集和记述。中华人民共和国成立后中国地质调查事业以空前规模和速度蓬勃开展，为地史学的发展创造了前所未有的良好条件。在我国地史学事业发展过程中，王鸿祯做出了重要贡献。

王鸿祯大学毕业后作为孙云铸教授的助教和助手留校。1940年，他短期参加谢家荣主持的叙昆铁路沿线地质调查工作，从编译资料到制订工作规划、任务和方法，受到系统的培育和锻炼。在这一时期，他的专业研究以珊瑚古生物和古生代断代地层为主，也做过小比例尺路线地质和区域构造调查。在从教期间，王鸿祯一方面在《中国地质学会志》《科学记录》等杂志发表地层古生物论文，一方面协助孙云铸的系务工作和组织地质学会分会的学术活动，由此逐步认识到搜集资料、掌握文献和以正确的观点方法统率资料的重要性。

1936年北京大学地质学会欢送一九三六班毕业纪念，四排右四为王鸿祯
二排右起：金耀华、郁士元、何作霖、谢家荣、葛利普、斯行健、高振西、王嘉荫、赵金科

20世纪50年代在北京大学执教期间,王鸿祯先后发表《吕梁运动后加里东运动前之中国古地理》《加里东运动后东吴运动前之中国古地理》等一系列古地理研究相关文章。通过较长期的实践和思考,王鸿祯认识到地质作用和现象是地球多圈层、多阶段相互作用,以及与有关空间星体相互影响的综合表现,因而需要组织地球科学的多种学科进行综合研究。他认为地球科学的时空观应建立在时间的连续与不连续和空间的均一与不均一之间对立统一的基础上。在时间框架上可以归结为地球历史发展的阶段性和地质作用及事件的突变性,在空间层面上,归结为地球表层的构造不均一性。

民盟、九三学社邀请气象学家冯景兰、地质学家王鸿祯作"向科学进军"的报告,这是北京地质学院校刊第92期的报道(复制件)

1956年出版的《地史学教程》

王鸿祯撰写的论文

王鸿祯参与撰写的《中国古生代珊瑚分类演化及生物古地理》

1956年,王鸿祯出版了中华人民共和国成立以来我国第一本地质类高等学校教科书《地史学教程》,这是第一本以中国资料为主、兼具全球性系统材料的地史学教材。他首次根据全球不同地质阶段构造运动的特征与规律,提出了加里东构造阶段、海西构造阶段、古阿尔卑斯构造阶段和新阿尔卑斯构造阶段的划分方案。王鸿祯构建的地史学知识体系,对中国地史学的发展以及后来同类教材的编写起到了奠基性作用。

地史学的基本任务和主要目标是恢复和重建地球的发展演化历史。它可以进一步细分为三个部分:一是地层学,主要研究地层的形成顺序、时代,划分地层单位,建立地层系统和进行地层时空对比；二是沉积古地理学，主要根据地层的沉积组分、沉积相及其时空分布特征研究地层形成的古环境、古地理及其演化；三是历史大地构造学，主要根据地层的沉积组合、沉积古地理、古生物地理、古气候、古地磁及其他构造标志恢复地层形成的古构造背景、古板块分布格局及其离合史。其研究任务包括：研究地史时期生物界形成和发展的生物进化史；研究地史时期古地理变迁的沉积发展史；研究地史时期大陆和海洋板块的格局、板块离合过程、构造演化历史的构造运动史三个方面。总的说来，地史学的研究内容包括生物演化史、沉积发展史和构造发展史三个方面。

王鸿祯早在其博士论文《从骨骼微细构造观点论四射珊瑚分类》中便根据四射珊瑚层状和纤状两种类型的消长演变，区别了珊瑚晶片和晶针两种不同的骨骼构造单元，以此作为高级分类和演化进程的基本依据，提出了全新的分类及演化关系。后来这篇论文在代表当时英国学术界最高水平的《伦敦皇家学会哲学丛刊》上发表，引起了国际珊瑚古生物界的关注。20 世纪 50 年代至 60 年代初，美国、苏联以及法国的古生物学者都不承认两类骨骼单元的原生性质。其后的几十年间，王鸿祯从未中断对珊瑚研究的知识积累和文献的关注。

直到 20 世纪 80 年代，电子显微镜技术开始用于古生物研究，王鸿祯依靠青年助手陈建强等，改进制样技术，运用电子显微镜扫描，查明了四射珊瑚大量属种的微细构造，证实了他早年提出的学术见解，同时还深入讨论了珊瑚骨骼的分泌机制和生物结晶作用，建立四射珊瑚的分类演化体系，得到了国际上的认可。这个阶段，王鸿祯主持了中国科学院科学基金项目"中国古生代珊瑚分类、生物古地理及成礁类型的研究"、国家自然科学基金项目"古生代四射珊瑚分类、演化及生物古地理"，在此基础上发表了 10 余篇论文，专著《中国古生代珊瑚分类演化及生物古地理》总结四射珊瑚的时空分布，提出了 5 目、12 亚目、79 科的全新系统分类，分出了 5 个演化阶段和 3 个生物分区，指出古地理变迁和演化阶段的关系，获得了国家自然科学二等奖。对珊瑚古生物学的深入研究，特别是对系统分类、生物古地理和生物区系的研究发挥了重要推进作用。

20 世纪 60 年代至 70 年代板块学说的诞生促进了地质学几乎所有领域的发展，"板块构造"的建立对地质学研究产生了革命性的影响。在地史学领域，以活动论

1988年,王鸿祯(后左5)等编著的《地史学教程》获全国高等学校优秀教材特等奖

1974年,王鸿祯参与编制亚洲地质图

的思想为指导去认识地球及其岩石圈形成和演化历史,促进了人们地球历史观的革新,形成了以"板块构造"为指导的现代地史学。王鸿祯以活动论的观点讨论了中国大地构造分区和中国地壳发展的主要阶段,运用活动论和阶段论的学术思想论述了中国古地理古构造和大地构造发展历程,提出了地球演化的联合古陆周期。基于大地构造观,中国开始了古地理重建的长期积累与研究。

中国大地构造区划与大地构造形成演化的研究已有百余年的历史,不同学派具有不同的观点和划分方案。以黄汲清的"多旋回构造观"、李春昱的"板块构造观"和王鸿祯的"历史大地构造观"为指导思想的大地构造划分方案,集中国地质构造之大成,影响广泛且深远。王鸿祯三大构造域划分理念、板块边界厘定和构造演化阶段划分,奠定了大地构造格架划分和演化过程认识的基础。"大地构造活动论""构造演化阶段论"和"大地构造单元论"(简称"构造三论")是王鸿祯关于历史大地构造的重要学术思想和理论贡献,也成为我国地史学学科体系的指导思想。

王鸿祯提出的"构造三论"是一个相互联系、相互依存的完整有机的理论体系,是以活动论思想为核心的历史大地构造学系统理论的集中体现。在此基础上,王鸿祯与刘本培在1980年主编出版了《地史学教程》(第二版)。王鸿祯的"大地构造活动论"是以活动论的观点认识大陆和大洋在地质历史中的发展和变化,这种发展变化包括大陆和大洋相对于地极和赤道位置的变化,也包括大陆和大洋之间相对位置的变化。承认这种变化,也就意味着承认水平位移是地壳或岩石圈运动的主要方式,这就是"活动论"观点。相反,不承认这种变化,或将地壳或岩石圈位移归因于地壳的垂直运动,即为"固定论"观点。

《中国古地理图集》

王鸿祯在地图前讲学

"构造演化阶段论"是指在地壳或岩石圈形成演化的长期复杂过程中，存在着由简单到复杂，有节奏和分阶段的过程，平静的演化和急剧的变革相交替是构造发展的客观规律。据此，王鸿祯将中国和亚洲的构造发展分成不同的构造阶段。"大地构造单元论"即指在活动论和阶段论的思想指导下，根据古大陆的形成、演化历程，划分不同的大地构造单元或分区。

板块构造理论建立以来，板块构造模拟与古地理重建获得了飞速发展。反映这些概念演替的是一系列全球或区域的古地理图不断诞生。古地理图是古板块构造重建与古气候重建的基础，借此可以复原全球的构造演化历史，了解地球的过去、现在与将来。古地理图是古气候模型的基础，依据古气候模型可以预测烃源岩、储集岩的时空分布，从而提高油气勘探成功率。20世纪80年代以来，我国在全国范围内广泛开展大、中、小比例尺岩相古地理图的编制工作，王鸿祯于1984年主编的《中国古地理图集》是其主要代表。

《中国古地理图集》共含图版143版，附录25页，包含构造古地理、沉积古地理、生物古地理和岩浆岩分区等多个图种，覆盖自元古宙直到第四纪的漫长时期。按构造阶段排序，每个阶段都以构造格架图为首，最后的"中国大地构造图"则是构造发展的历史总结。这是一本揭示我国境内古地理演变和地壳构造发展基本过程的专著。王鸿祯结合多年积累的中国资料，首次把我国的沉积环境与构造背景结合起来，将古地理研究与古构造结合起来，将板块构造与传统构造结合起来，使这份图集涉及古生物学、地层学、古生物地理学、大地构造学、沉积学、古气候学和第四纪地质学等多种学科，提出地壳叠接消减带

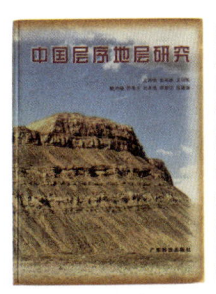

和地壳对接消减带的概念。古地理研究代表性成果《中国古地理图集》是地球构造活动论和历史发展阶段论相结合的典范。

20世纪90年代，王鸿祯主持国家重大关键性基础项目"中国古大陆及其边缘层序地层和海平面变化研究"，通过广泛研究和综合对比，建立了层序地层6级节律周期的级别体系，并在地层层序节律与天文周期耦合方面做出了有益的尝试。王鸿祯带领团队提出了用于建"阶"的综合地层研究法，作为全球标准层型剖面和点位的补充。通过对比研究，王鸿祯认为地球节律普遍存在于各类地质过程，可能受同一自然系统的控制，他提出以年代地层、岩石地层为主的地层分类观点，以及层序地层级别体系和可能的天文控制因素，发展了地球节律理论，为我国油气及沉积资源矿产的勘探和区域地质制图提供了参考。其研究成果于2003年被出版在《中国层序地层研究》专著中。在对层序地层与古大陆再造的研究中，王鸿祯以地球演化的突变论和阶段性"点断前进"说为主导思想，提出地球节律的普遍性和全球大陆基底构造单元划分与泛大陆聚散周期，形成了全球构造的活动论与历史发展的点断前进阶段论相结合的地球史观。

随着人类科学技术的进步以及对地球认识的深化，现如今地史学已经进入学科交叉和综合研究的地球系统科学阶段。地史学更加重视研究地球及其生物界形成和发展过程中，与地球系统各组成部分之间、地球与其他星体之间的相互作用过程，以及控制这个过程的机理。地史学的研究，一方面涉及地壳形成、生命起源与演化、海陆变迁、冰川消长、气候变化、板块分合、地球不同圈层相互关系及地球与其他星球相互作用等领域，另一方面与能

王鸿祯等人编著的《中国层序地层研究》

1989年12月，王鸿祯（右）与黄汲清一起观看资料

源和矿产资源开发、生态环境保护、自然灾害防治等关乎国计民生的重大问题相关，这些都与地球不同圈层的演变历史具有密切的关系。正是这些相互作用过程共同构成了地球的历史，也决定着地球的未来。

进入21世纪以来，我国地史学研究基本上与国际接轨，部分方面已经处于世界领先水平，这些都离不开以王鸿祯为代表的老一辈地学前辈的努力。王鸿祯将"多识慎思，综合创新"总结为自己的学术思维特点。他说："从事科学研究，范围不可太狭；掌握知识资料力求广一些、多一些，予以周密的思考，去粗取精，综合各个方面，分析比较，必能有所提高和创新。这是我长期努力的方向，虽不能至，心向往之。"2010年，王鸿祯在北京逝世，享年94岁。他求实、求是、严谨的科学研究作风，毕生为发展我国地质事业而奋斗不息的精神，永远是中国地质界的宝贵财富。

参考资料：

[1] 马丽芳. 缅怀地质学家王鸿祯记编制《亚洲地质图》和《中国古地理图集》的一些往事[J]. 中国报道, 2010.

[2] 王训练. 地史学研究的简要回顾[J]. 地学前缘, 2018.

[3] 陈建强, 王训练. 地史学简明教程[M]. 北京：地质出版社, 2018.

[4] 杜远生. 王鸿祯院士与"构造三论"[J]. 中国地质教育, 1996.

（图片来源：《光明日报》、中国科学院南京地质古生物研究所、中国科学家博物馆）

知识链接

【国家自然科学基金】

20世纪80年代初，中国科学院89位学部委员致函党中央、国务院，建议借鉴国际成功经验，设立面向全国的自然科学基金，得到党中央、国务院的首肯。

随后，在邓小平同志的亲切关怀下，国务院于1986年2月14日正式批准成立国家自然科学基金委员会（简称自然科学基金委，英文名称为National Natural Science Foundation of China，缩写为NSFC）。国家自然科学基金委员会依法管理国家自然科学基金，相对独立运行，负责资助计划、项目设置和评审、立项、监督等组织实施工作。

【地史学的三次重大争论事件】

第一次重大争论是18世纪后期的"火成论"和"水成论"之争。火成论认为地球内部是熔融的岩浆，它通过火山迸发出来固化为岩石。水成论认为地球生成的初期，表面被原始海洋所掩盖，溶解在其中的矿物质通过结晶，逐渐形成了岩层。水成说与火成说之争激发许多人投身于地质考察和研究之中，并出现了一大批璀璨夺目的地质学家，以至科学史上将1790—1830年称为"地质学的英雄时代"。

第二次重大争论是"均变论"和"灾变论"之争。均变论认为地质营力、作用过程及其产物之间的相互关系，无论是现在还是地史时期，在原则上和质的方面都是不变的，地质作用是一种逐渐、缓慢的过程。灾变论相信造成现在这种地质构造与地貌形态的力是一种突然性的灾难，连续的灾变引起了物种的灭绝。

第三次重大争论是"固定论"和"活动论"之争。固定论认为地球上的大陆和海洋在长期的地球演化历史中外形轮廓及地理位置没发生过大的变化，是长期统治地质学各领域的大地构造观，以地槽、地台学说为代表。活动论认为地球由宇宙尘那样的东西聚集而成，放射性物质使得地球温度逐渐增高，整个地球略具可塑性，大陆就在其表面上发生缓慢的漂移，在漂移的过程中大陆会产生破裂和重新组合。

大地之子

中國地質學家
的科學精神

中国"黄土之父"——刘东生

简介：

刘东生（1917—2008），天津人，地球环境科学家、第四纪地质学家。1942年毕业于西南联合大学地质地理气象学系。曾任中国科学院地质研究所和地球化学研究所第四纪地质研究室主任、中国科学院西安黄土与第四纪地质研究室主任、中国科学技术协会书记处书记等职。1980年当选为中国科学院学部委员（院士）。

他创立了新黄土风成学说，平息了170多年来黄土成因之争，特别在黄土研究领域成果卓著，使中国在古全球变化研究领域中跻身世界前列。他在国际上第一个以"黄土—古土壤序列"为代表的陆相沉积记录，证实了第四纪环境变化的多旋回理论。他也是我国高山科考事业的奠基人之一，为地球系统科学研究提供了成功范例。

箴言：

有的人能力大，有的人能力小，我是属于那种能力小的人，但我没有泄气，我持续不断地做事情，有时候自己做的事情别人觉得无所谓，但我自己觉得挺重要。

刘东生（1917—2008）

地学界有这样一个说法：第四纪研究有三大支柱，一是中国黄土，二是深海沉积物，三是极地冰芯。黄土由于其特殊的地理位置和形成方式，成为了解第四纪古环境、古气候信息的理想载体。我国西北地区拥有全球最大面积的黄土高原，黄土颗粒细，土质松软，含有丰富的矿物质，利于耕作。但黄土的成因及其时代曾经是国际地学界的难题，以刘东生为代表的中国学者经过数十年不懈努力，攻克了这一难题，取得了国际领先的研究成果。

刘东生1917年出生于沈阳皇姑屯的一个铁路职工家庭，幼年的他亲历了日本帝国主义的侵略。在天津南开中学读书期间，"九一八事变"爆发，日军占领沈阳，中学毕业回家那天又恰逢卢沟桥"七七事变"，南开中学校舍遭日军轰炸，大部分校舍被毁，学校停课。国难屈辱铭刻于心，心中涌动的爱国之情和为多灾多难的祖国刻苦学习的目标，一直贯穿了刘东生的整个学生时代。父亲曾想让刘东生去美国学习，但他拒绝了，转而投报西南联合大学。他说："那么多同学，有的在前方打仗，有的在大后方读书，想以此积蓄力量为抗战出力，我为什么要做祖国的逃兵呢？即便是苦海，我也要和同学们与我们的国家一同承受！"

在南开中学刻苦学习的刘东生

1938年，在西南联合大学学习机械专业的刘东生读到了杨钟健的一篇文章《论抗战和乡土的研究》，受到启发："欲爱祖国，必爱家乡，就要懂得家乡的山山水水。"动荡年代成长起来的刘东生，早已将"爱国自强"深埋心底，这篇文章深深触动了他的心弦。经过深思熟虑后，刘东生拿到了关系到自己一生事业的转系表格，转到了地质学专业。这一转变彻底改变了刘东生一生的轨迹，从此开始了他以地质科学研究作为报效祖国的航程。在此后的地质生涯中，他创立了黄土学，平息了170多年来的黄土成因之争，拉开了将中国黄土纳入研究全球环境演化框架的序幕，他梳理了260万年以来的气候变化历史，使中国黄土成为古气候变化记录的最重要档案库，为全球气候变化研究做出了重要贡献，带领中国第四纪研究跻身于世界领先行列。

被日寇飞机炸毁的学生宿舍

西南联大读书期间，刘东生（左）与同学野外考察留念

1945年，考入中央地质调查所的刘东生

中国黄土分布广泛，约占全国总面积的6.6%，黄土作为地球系统演化的历史记录，对地球系统科学研究有着极其重要的意义。将黄土作为一门学科来研究，特别是从地质学角度出发进行研究，是从19世纪中叶开始的，到20世纪中叶的近100年时间里，有关黄土成因的争论激烈。这个时期，国外学者来中国，对我国的地质地貌进行科学考察，提出了对于中国黄土成因的看法。其中比较代表性的学说有"水成说""风成说""残积说""多种成因说"等。

20世纪50年代，我国在西北黄土区进行了大规模经济建设，开展了治理黄河和黄土高原水土保持工作，黄土研究在此时代背景下，也走上了快速成长的道路。这一时期，我国各地陆续成立了与黄土研究有关的专门研究机构。有关生产部门、科学研究单位和高等院校分别对黄土区水文地质、工程地质、遗迹路堑边坡和地基、黄土地貌、地层以及埋藏土进行过研究。

早期黄土和第四纪论文及专著

20世纪50年代，刘东生（左）与王克鲁（右）在黄土高原野外考察

1954年，刘东生参加了黄河中游水土保持的科学考察工作，对黄土成因及其特性做了系统的研究，编制了1:200万比例的中国黄土分布图，1:50万比例的黄河中游黄土分布图。他用数学方法对黄土的搬运与沉积进行模型研究，论证了黄土是一个具有独特古气候意义的地质建造，这为黄土的洲际对比和全球性黄土成因的研究工作奠定了基础。

1958年，刘东生等在陕西午城镇黄土中发现了长鼻三趾马与中国貘等化石，确认中国黄土开始发育在早更新世，指出"红色土本身所夹带的红条是被埋藏的一种褐色土型的古土壤"。提出"红色土"其实是夹杂有古土壤的黄土，扩大了黄土的概念。并把我国的黄土地层划分为老黄土和新黄土。"老黄土"中古土壤的发现，对于中国黄土研究是十分关键的一步，为后来的古环境变化研究奠定了基础。这一成就，使人们对黄土有了一个全新的认识，从而确认了巨厚的黄土高原是由260万年以来沙尘暴的形式沉积而成的；而干旱的沙尘暴时期中间又有多次气候变得温暖湿润的时期，形成古土壤。

1964年，刘东生和王克鲁根据哺乳动物化石、地貌区域及气候特征，提出了中国北方第四纪地层划分方案，编制了黄河中游黄土地层划分表。这个划分方案对于黄土高原河谷区寻找含水层也有实用价值。

伏案研究的刘东生

刘东生撰写的关于黄土研究的部分文章

20世纪70年代，刘东生在托木尔峰考察

刘东生手稿《新黄土与老黄土》

1964年，中国科学院成立了以施雅风和刘东生为正、副队长的希夏邦马峰科学考察队，下分测量、冰川、地质、地貌及第四纪地质4个专业组。1964年3—5月，科考队在希夏邦马峰北坡及附近地区进行了科学考察工作。李璞等基于刘东生提供的希夏邦马峰岩石样品，采用钾氩法定年，首次获得希夏邦马峰岩脉及岩石中云母及长石的绝对年龄在1100万—3800万年。图为1964年中国科学院院长郭沫若与希夏邦马峰科学考察队地质组部分成员（左起：崔之久、张明亮、施雅风、郭沫若、刘东生、熊洪德、张康富）

刘东生为研究生授课

刘东生撰写的三本关于中国黄土研究的专著，奠定了中国黄土研究的基础

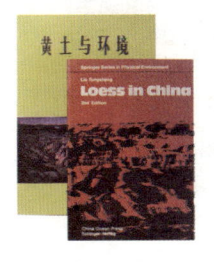

1985年出版的《黄土与环境》引起巨大反响，国外以 Loess in China 为名再版

经过多年的野外调查和研究，刘东生观察到黄土高原地层、地质和岩性在广大范围内具有相似性和一致性，提出了黄土高原"新风成"学说。黄土"新风成说"在概念扩展、时代延伸、空间细分三方面突破了以前的学说。1966年，刘东生对中国黄土地层的物质成分与结构进行研究，查明了黄土地层粒度成分以粉砂为主，发现马兰黄土粒度成分自西北向东南逐渐变细，并据此将黄土分为砂黄土、黄土和黏黄土三个带，黄土颗粒的组成向下风方向变细。这些均是黄土风力搬运的有力证据，进一步充实了黄土的风成理论。

刘东生提出的"新风成说"理论，揭开了黄土形成之谜，是目前最主流的成因学说。新风成说立足于黄土风成，放眼于第四纪全球气候与环境演化，其研究的广度、深度及环境意义都远超过早期的风成理论，成为第四纪环境研究的一个重要方面。新风成说，得到了学界广泛的认同，成为最主流的黄土成因学说。它的提出，

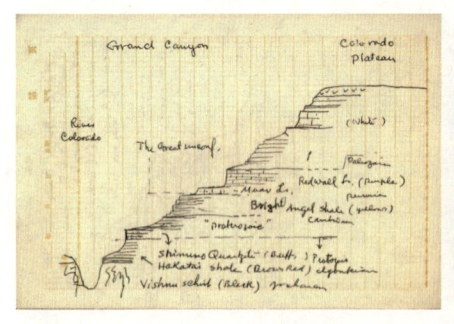

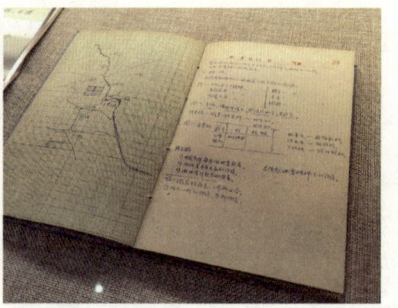

刘东生的野外考察笔记

基本平息了170多年来的黄土成因争论，最终揭开了黄土形成之谜，把黄土的物源、堆积过程、搬运方式、黄土性质与古土壤发育等与第四纪全球性冰期旋回和大气环流联系起来，并以现代大气环流尘暴动态作为认识过去黄土形成过程"将今论古"的参照系统。

20世纪70年代以来，随着古地磁学、地球化学、同位素地球化学、年代学等新学科新技术的发展，黄土的研究从肉眼观察进入到观察与测量实验相结合的阶段。磁化率开始被当作反映第四纪环境变化的气候替代性指标，并进一步促使将黄土与深海沉积、极地冰芯进行全球对比。刘东生通过对黄土剖面的系统研究，重建了第四纪250万年以来环境演变的历史，成为迄今全球唯一完整的陆地沉积记录，并可以很好地与深海沉积岩芯、极地冰芯的记录进行对比，从而建立了全球变化理论的国际对比标准。

20世纪80年代，全球变化研究成为第四纪地质学和环境地质学关注的热点。刘东生及其团队通过对中国黄土的系统研究，使之成为与深海沉积、极地冰芯并列的三大国际对比标准。《黄土与环境》等研究成果获1991年国家自然科学奖二等奖。图为1983年刘东生（右三）与国际著名地质学家许靖华（右二）在黄剖面采样

刘东生（左一）与科学考察队地质组其他成员在海拔5800米处进行地质考察

2002年，刘东生在美国洛杉矶接受泰勒环境成就奖

74岁去南极考察（1991）　　　79岁去南极考察（1996）

82岁在"试验3号"科学考察船上（1999）　　　84岁第七次踏上去青藏高原的征程（2001）

刘东生以高龄继续参加野外科考

作为运用中国黄土沉积研究古气候的先驱，刘东生在不断深入的过程中开创了中国环境科学研究，在 2002 年获得了泰勒国际环境成就奖，这是该奖项设立 20 多年以来，首次颁给从事古环境研究的专家，更是中国大陆科学家首次获得这个荣誉。2004 年 2 月 20 日，国家科学技术奖励大会在北京隆重举行。中国科学院院士、中国科学院地质与地球物理研究所研究员刘东生获得了 2003 年度国家最高科学技术奖。面对地学界同仁的高度赞誉，刘东生表示："虽说我取得了一些成绩，但我知道这是大家齐心用力的结果，我个人却得到国家如此大的褒奖，我感觉到只能尽有生之力继续前行，为我国的地质事业做更多事，才不辜负国家和人民给予的厚望。"

青年时期的刘东生

2008 年，刘东生因淋巴癌医治无效在北京去世。但在更多人眼中，这个几乎一生都在用脚步丈量土地的老人并没有离开，只是开启了一次没有归程的科学考察。为纪念刘东生，国际天文学联合会将国际永久编号第 58605 号小行星 1997TA27 命名为"刘东生星"，承载着刘东生学术思想和科学精神的天体永远遨游寰宇，光耀苍穹。

参考资料：

[1] 高彤. 刘东生：研读"黄土"60 年 [J]. 国企管理, 2021.
[2] 王清雅. 中国黄土研究简史 [D]. 北京：中国地质大学, 2020.
[3] 王恒. 中国山水的儿子：记著名地质科学家、中国科技馆首任馆长刘东生院士 [J]. 自然科学博物馆研究, 2018.
[4] 舒良树. 普通地质学 [M]. 北京：地质出版社, 2010.
[5] 钱伟长, 孙鸿烈. 20 世纪中国知名科学家学术成就概览：地学卷：地质学分册 [M]. 北京：科学出版社, 2013.

（图片来源：中国科学院地质与地球物理研究所、中国科学家博物馆）

知识链接

【黄土的成因】

典型的黄土是风沙地质作用的产物。沙漠是黄土物质（粉砂和尘土）的源地，强大的反旋风把它们从沙漠的腹地吹到边缘和内陆，堆积而成黄土。此外，有一些类似于黄土的沉积物，称黄土状沉积物，其成因可能是原生黄土经过流水冲刷、搬运后再堆积而成的。还有一些黄土状沉积物中含有残积物、洪积物以及其他外力作用的产物，其堆积的过程就比较复杂了。

【黄土的特征】

1. 在颜色上总体以黄色为基调，主要为灰黄、棕黄，早期的黄土为棕红色；
2. 质地均一，主要由粉砂和黏土组成，富含碳酸盐，形成结核；
3. 疏松多孔，孔隙率高，无层理，垂直节理发育；
4. 在剖面上，黄土层与古土壤层相互交替出现，代表了不同的古气候环境，黄土层指示干冷气候，而古土壤层显示温暖湿润气候；
5. 黄土层中通常含喜旱的动植物化石，如田鼠、鼠兔、藜科等；
6. 黄土发育在干旱和半干旱气候区，既可覆盖在山脊和山坡上，也可发育在平地、盆地和谷地中。

大地之子

中国地质学家
的科学精神

中国地球化学事业的奠基人——涂光炽

简介：

涂光炽（1920—2007），湖北黄陂人，矿床学家、地球化学家。1944年毕业于西南联合大学地质地理气象学系，1949年获美国明尼苏达大学理学博士学位。1950年任清华大学副教授，首次在我国开设了地球化学课程。1951年赴苏联莫斯科大学深造并获副博士学位。曾任中国科学院地学部主任、国家学位委员会委员等职。1980年当选为中国科学院学部委员（院士）。

他是中国地球化学事业的奠基人与开拓者，潜心矿物学、岩石学、矿床学和地球化学等领域，他带队综合考察祁连山，划分了构造岩相带，发现两种新矿物，他承担"铀矿地质综合研究"，首次提出"沉积改造"成矿理论，创建了"改造矿床"理论，他主编并主要执笔的《中国层控矿床地球化学》是我国矿床学及地球化学史上一部里程碑式的巨著。

箴言：

设想要海阔天空，观察要全面细致。实验要准确可靠，分析要客观周到。立论要有根有据，推论要适可而止。结论要留有余地，表达要言简意赅。

涂光炽（1920—2007）

地球化学是化学各领域与地质学各领域交叉、渗透和结合而诞生的边缘学科。1949年之前，我国的地球化学领域研究几乎空白。1949年之后，在党和国家对科学事业的关心和支持下，地球化学得到了迅猛发展。其中，涂光炽对中国地球化学事业的发展功不可没。

涂光炽曾于1937年进入长沙临时大学学习，此时的国家动荡不安。1938年，涂光炽前往西安加入革命队伍，在临潼一带开展抗日救亡和统一战线的宣传工作。同年8月，党组

1938年，涂光炽身穿军装于延安

涂光炽（左一）与家人留影。1947年，涂允檀出席联合国大会后，看望在明尼苏达求学的三个儿子：涂光炽（左一）、涂光涵（左二）、涂光楠（右一）

1950年，留美中国科学工作者协会（简称"留美科协"）芝加哥年会各区会代表合影。前排右一至六分别为：金荫昌、刘静直、彭兆元、冯平贯、邓稼先、梅祖彦，左一为朱漠昌，左二为李恒德，后排：涂光炽（右二）、丁懿（右三），左一至三分别为黄藻同、兰天、肖森山

涂光炽（左一）在回国船上与叶笃正（右一）等部分同学合影

1950年，涂光炽（倒数二排左五）乘坐于美国旧金山启航的"威尔逊总统号"归国，被同船120余名留学生选为学生会主席。该班次客轮搭载了邓稼先、叶笃正、余国琮、傅鹰、鲍文奎、池尚际、张炳熹、赵忠尧、沈善炯等128位回国效力的留美学者。途中赵忠尧、罗时钧、沈善炯3人被无端扣留关押在日本两个多月。中国政府与科学家们通过发表声明，致电联合国大会、世界科学工作者协会等方式，谴责美国政府对中国科学家的扣押，赵忠尧、沈善炯、罗时钧3人于1950年11月被释放回国

1952年，涂光炽（左二）在莫斯科大学深造，于十月革命35周年纪念日合影
左起：张忠胤、涂光炽、司幼东、张宗佑、郑直

1956年8月，涂光炽（后右三）、陈庆宣（后右四）、李璞（后右五）率领中国科学院祁连山地质考察队在野外合影

织安排涂光炽去延安抗大第五期学习。1940年，党组织决定让他回西南联大复读，四年后，他以优异成绩毕业于地理气象学系。1946年，经西南联大地下党组织批准，涂光炽赴美明尼苏达州大学地质系留学深造。1949年涂光炽获理学博士学位，被聘任为宾夕法尼亚大学地球化学副研究员。1950年，他动员、组织、带领百余名留美学者，冲破美国重重阻力，回到了祖国怀抱。

回到祖国后，涂光炽受聘于清华大学，开设、讲授地球化学课程，这是地球化学课程在中国的首次开设。为了更好地培养涂光炽，组织派他前往莫斯科大学深造。1954年，取得副博士学位再次归国的涂光炽被分配到中国科学院地质研究所工作。1956年，随着第一个五年计划的实施，地球化学、沉积学、海洋学、地球物理学等与地质学有关的新学科被纳入中科院重点发展的学科。1958年，在中国科学院地质研究所内，地球化学研究室建立。与此同时，若干大专院校设置了地球化学专业和教研室，各种地球化学教科书随之出版。地球化学找矿方法也在一些产业部门迅速地普及，区域地质测量中也开始进行大量的地球化学工作。1966年，涂光炽受命组建了中国科学院地球化学研究所，并担任首任所长，全身心致力于我国地球化学事业的开拓与发展。

涂光炽的研究工作始终与国家需求紧密结合，在20世纪50年代至70年代，围绕国民经济和国防建设紧缺矿产资源的需求，他先后对国内外400多个矿场进行实地考察和对比研究。1956—1960年间，涂光炽作为队长率领中国科学院科考队对祁连山进行全方位地质科学考察，历经4年，在祁连山区域地质、地层划分、构造演化和矿产分布等方面取得大量原创性研究成果，出版了约200万字的专著《祁连山地质》，为祁连山地区矿产勘查和开发提供了重要科学依据。

1964—1978年，为了发展核工业、打破美苏的核垄断，我国铀矿资源的开发

青年时期的涂光炽

1979年7月,涂光炽(前左六)和华南队负责人刘义茂(前左三)出席华南富铁矿科研队总结会议

迫在眉睫。涂光炽率队赴我国西北地区和南方诸省开展了长达10余年的铀矿资源调查和研究,其间首次提出符合我国实际的"沉积再造"成矿观点,为沉积岩中找铀矿提供了理论指导,这一理论后来发展为"沉积改造"成矿理论。由他主持完成的《中国铀矿床地质地球化学研究》获1978年全国科学大会奖。

1974年,我国掀起寻找富铁矿热潮,但套用国外思路寻找前寒武纪古风化壳型富铁矿却收效甚微。涂光炽依据中国地质演化特征,组织地球化学研究所200多人参加全国富铁矿大会战,研究团队分赴全国几个重要矿区,开展中国富铁矿地质地球化学综合研究,进行大量的野外考察和室内研究。涂光炽在对我国不同类型铁矿床的调查基础上,结合我国地壳发育特点,总结出我国铁矿床的十大特点,指出原先找矿的思路问题,实事求是地论证了中国不具备形成风化壳型富铁矿的地质条件,提出了富铁矿形成机制的多样性,指出应广开思路多找其他类型的富铁矿。他总结的寻找富铁矿的方向和方法,后来被找矿实践所证实,对生产部门具有实际的指导意义。1981年他主编出版《铁的地球化学》等系列专著,创新了富铁矿成因理论,获中国科学院科技成果奖。

层控矿床是国际重要矿床类型,分布广、规模大、矿种多,成因众说纷纭。自1979年起,涂光炽主持开展了"中国层控矿床地球化学"

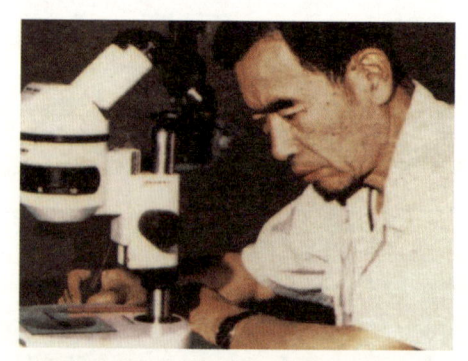

1970年,涂光炽观察铀矿石标本

1980年,涂光炽在办公室撰写《中国层控矿床地球化学》专著

的系统研究。历时 10 余年取得重大突破，创新性提出了将"改造成矿"与岩浆、沉积和变质成矿并列的矿床分类方案，创建了层控矿床多因复成的成矿理论。

1982—1984 年，涂光炽的先天性心脏病屡次发作，已做过胃切除手术的涂光炽，毅然决定再次进行更换心脏瓣膜的手术。广州一家医院明确表示不敢接收。同志们为他担心劝他慎重，他反而安慰大家"做了手术可以延长我的生命，哪怕再能为党和国家工作两年也好"。最后在手术前一个月靠打强心针和输氧来维持生命的紧要关头，他还在抓紧时间修改层控矿床书稿。

由他主编并执笔的《中国层控矿床地球化学》（三卷本），分别于 1984 年、1987 年、1988 年出版发行。书中深入探讨了 17 个矿种、250 个矿床的地质地球化学特征及成矿机制，形成了一套完整的层控矿床理论，对国家矿床的寻找和勘探提出了新的前提和方向，促进了我国矿床地球化学的发展。这部巨著被誉为"我国有关层控矿床及其地球化学的最全面、最系统的总结"，是我国矿床学及地球化学史上一部里程碑式的巨著，1986 年被评为我国十大重大科技成果之一，1987 年获国家自然科学奖一等奖。

涂光炽主张兼容并蓄，多学科交叉融合，各种观点通过讨论、争鸣，互相补充。在他的带领下，地球化学研究所相继产生和发展了同位素地球化学、天体化学与核地球化学、有机地球化学、环境地球化学、第四纪地球化学、实验地球化学等 30 多种学科，我国地球化学事业迅猛发展，跻身世界地球化学发展前沿行列。在地球化学研究所的建设上，涂光炽采取以任务带学科，以学科建研究室的指导方针，从课题设计、人员组合、设备配置、技术更新、后勤保障及行政管理等

涂光炽的专著《中国层控矿床地球化学》（1—3 卷）

1964 年，涂光炽（右二）在指导其研究生实验，欧阳自远（左二）、曹荣龙（左一）、张宝贵（右一）

1982年，涂光炽在广西地下坑道观察层控矿床地质情况

1984年，涂光炽（左二）同研究生丁抗（右二）、黄伟林（右三）、黄林（左一）、曹裕波（右一）讨论学术问题

1992年，涂光炽在观察低温条件下形成的矿物

2001年，涂光炽（右）等在云南会泽考察铅锌矿中的分散元素

方面，建立了一套行之有效的技术支撑系统和地球化学研究体系，完成许多国家重大任务，取得了卓越成就。

1991年涂光炽提出"低温地球化学研究"课题，这是地球科学的重要前沿领域，主要研究自然界200℃以下元素被活化、迁移和富集的地球化学行为。低温体系具有相对开放和难以达到平衡的特点，研究难度巨大。涂光炽采用矿床地球化学—实验模拟—计算机模拟结合的方法，对成矿规律和预测的影响因素，进行了开拓性的综合研究，提出我国超大型矿床时空分布特点和分散元素地球化学若干规律、西南大面积低温热液成矿域等见解，建立了低温成矿作用的地球化学理论体系。

分散元素是重要的战略性关键矿产资源，因其在地壳中丰度极低且分散的特性，传统上认为很难形成独立矿床。1997年，由涂光炽主持的国家基金委重点项目"分散元素成矿机制研究"开启了国际上分散元素地球化学及其成矿机制的系统研究，突破了分散元素不能形成矿床的传统观念，揭示了分散元素超常富集的苛刻条件，建立了分散元素成矿的理论体系。

进入21世纪，地球化学的研究对象已从地壳延伸到包括地幔和地核在内的整个地球。对元素的研究也从地壳中的元素行为拓展到原子的状态和元素同位素组成变化，从研究元素的组成到探索它们的形成与演化，以至地球和行星演化过程中所有化学元素的组成和演变过

2006年，86岁高龄的涂光炽在野外考察

程，从现在看到的元素分布和演化过程，追溯地质历史时期以至太阳系形成之初的元素行为。地球化学的快速发展与学科间互相融合，以及分析测试、实验新技术新方法的引进密不可分。

现如今，我国地球化学研究的整体理论和应用水平大大提升，在矿产资源、化石能源、新兴能源、防灾减灾、生态环境、新型材料科学、海洋科学、空间科学、月球和行星科学等诸多领域的研究、开发和利用方面取得了骄人的成果，在社会与国民经济的科学发展中，在"上天、入地、登峰、下海"科学领域和地球系统科学的创新发展中，在现代分析测试技术的开发和应用过程中均起到了不可替代的作用。

参考资料：

[1] 钱伟长，孙鸿烈.20世纪中国知名科学家学术成就概览：地学卷：地质学分册[M].北京：科学出版社,2013.

[2] 欧阳自远.中国地球化学学科发展史[M].北京：科学出版社,2018.

[3] 熊和生.辩证唯物主义的实践者：记贵州省首届最高科技奖获得者涂光炽院士[J].科学新闻,2003.

[4] 涂光炽，王玉荣.我国地球化学的发展[J].化学通报,1979.

[5] 林棕.层控矿床概念的建立及其哲学意义[J].河北地质学院学报,1993.

[6] 於崇文.地球化学的历史、发展和应用地球化学的内涵、展望（序一）[J].地质通报,2005.

（图片来源：中国科学院地球化学研究所、中国科学家博物馆）

知识链接

【层控矿床】

层控成矿是指那些受层状岩石控制的矿床，或解释为受一定的地层层位控制的矿床，是20世纪50年代以后迅速兴起的一种矿床形成作用和成矿理论。它的产生和发展使过去流行的传统一元成矿论过渡到成矿作用的多阶段、多来源和多成因时期。将几百年来矿床学上的水成—火成、内生—外生、同生—后生的激烈对立和争论在一定程度上统一起来了，促进了矿床形成理论和矿床地球学科的纵深发展，也给找矿勘探工作带来了新的方向、前提和标志。

【新中国成立之初的留学归国潮】

近代中国，大批学子胸怀"教育救国""科学救国"理想，远航留学，学习世界先进科学技术，寻求民族振兴之路。新中国成立后，国家建设急需科学技术人才。因此，中国政府制定了《办理留学生回国事务委员会简则》《对接济国外留学生返国旅费暂行办法》《关于从资本主义国家回国留学生的分配工作和接待、管理工作的改进意见》《关于争取尚在资本主义国家的留学生工作中的几个问题》等一系列争取留学生归国的政策文件，并成立办理留学生回国事务委员会，通过留美中国科学工作者协会等进步组织协助动员。强烈的使命感和家国情怀促使大批爱国学者希望尽早为国效力，从而形成了留学归国潮。往返大洋两岸的客轮，承载着他们强烈的报国热情与归国决心。他们放弃在外国优渥的工作和生活条件，把个人理想与祖国命运紧紧相连，冲破重重阻碍得以归国。彼时归国的爱国学者中，留美学者人数最多、影响最大，归国历程也最为曲折。1000余位留美学子怀着报效祖国的壮志，在中国政府的全力争取和以留美中国科学工作者协会为代表的组织积极动员下，通过乘坐"克里夫兰总统号""威尔逊总统号"客轮等方式归国，投身祖国建设。这一时期，华罗庚、赵忠尧、葛庭燧、李薰、吴文俊、钱学森、郭永怀等留学和旅居海外的科学家回国工作。他们的加入，使许多新兴学科得以建立，一些空白薄弱领域得到填补和充实。

【留美中国科学工作者协会（简称"留美科协"）】

　　1949年6月18日，留美科协在匹兹堡大学成立，通过了宣言和章程。留美科协以中国共产党地下党员为主筹划发展，主要目的是联络和发展会员，编发通讯期刊，宣传新中国局势和政策，动员留学生回国。据统计，回国的会员有442人，超过留美科协会员的二分之一。1950年朝鲜战争爆发后，美国众议院非美国（利益）活动调查委员会将《管制颠覆活动法案》纳入《国内安全法案》，美国联邦调查局也将留美科协列为非法团体和"颠覆性组织"。1950年9月，为了保护会员，留美科协迫于美国政府的压力宣告解散。留美科协虽然存续期不长，但影响巨大，尤其是通过创办《留美科协通讯》对20世纪50年代初留美归国潮的产生发挥了巨大推动作用。

后记

近代以来，一代又一代地质工作者经历了科学救国、科研报国、科教兴国、科技强国的非凡旅程。他们为促进科学技术进步、推动社会经济发展、满足人民对美好生活的向往做出了不可磨灭的贡献。在长期的科学实践中，他们铸就了独特的科学精神和科学家精神。

2021年，编者在感慨中国地质事业发展的波澜起伏、沧桑巨变之际，萌生了以科普地学人物的科研经历窥知中国地质事业发展历程的想法。相关文章陆续在安徽省地质博物馆科普园地宣传栏刊发。初步的尝试颇受观众喜爱，在观众朋友的肯定与支持下，"大地之子"系列科普文章内容不断丰富，并在安徽省地质博物馆网站、微信公众号以单篇形式进行连载，文章脉络逐渐清晰，内容架构也逐渐体系化，得到广大读者、研究院所、科普作家协会、科普媒体等相关单位与团体的肯定与好评。其中《中国古脊椎动物学开创者——杨钟健》一文荣获安徽省科普作家协会"2022—2023年度优秀科普作品奖"一等奖，《中国古植物学奠基人——斯行健》被化石网（中国科学院南京地质古生物研究所、中国古生物学会共同主办）"科学人物"栏目收录。《一专多能的地质古生物学家——尹赞勋》被上海市地质学会微信公众号转发。通过两年的反复打磨，"大地之子"系列逐渐成型，2024年安徽省地质博物馆拟将"大地之子"

系列科普文章编订出版。

本书所选择的科学人物一是对地学某一学科领域具有开创性突出贡献的老一辈科学家，他们的个人经历和科学建树，能够融入学科建设、历史发展的宏大背景之中。二是中国科学院、中国工程院地学领域的院士，他们大多是我国基础研究领域的代表，弘扬基础研究领域的科学家精神，可以为引导基础研究发展提供不竭精神支撑力。为方便读者了解我国地质科学发展历程和科学家之间的联系，科学人物按其生年先后排列。

本书编辑过程中，先后联系中国地质科学院地质研究所、中国科学院地球化学研究所、中国地震局地球物理研究所、中国地质图书馆、中国科学院地质与地球物理研究所、中国科学院南京地质古生物研究所、中国科学院古脊椎动物与古人类研究所、国家科技传播中心（中国科学家博物馆）、全国地质资料馆、南京大学档案馆、中国地质科学院地质力学研究所、李四光纪念馆、新四军黄桥战役纪念馆（丁文江故居）等相关单位，并得到这些单位的大力支持和帮助。李四光院士的外孙女邹宗平女士，杨钟健院士之孙杨大同先生、孙媳张焕丽女士对本书的编写工作给予了充分肯定和支持。中国地质科学院地质研究所任纪舜（院士）、耿元生、李锦轶，中国地震局地球物理研究所王红强、杨家英，新四军黄桥战役纪念馆（丁文江故居）钱书琴等对本书的编辑也给予了很大的帮助。在此谨向以上为此书提供支持，并多方协助此书编辑出版的单位及个人，一并致以最诚挚的谢意。

鉴于书中所涉地学专家所处时代较早、研究领域的专业性较强，编写组虽竭尽全力，广泛收集，力求全面、完整、准确，但限于经历和学识水平，难免存在疏漏及不妥之处，敬请广大读者见谅。

大地
之子

中国地质学家
的科学精神